SHODENSHA SHINSHO

新書1冊を15分で読む技術

――スーパー速読1週間

日本速読協会　井田　彰

JN264679

祥伝社新書

本書は二〇〇五年、祥伝社から発刊された『スーパー速読1週間ドリル』に大幅に加筆し、改題したものです。

●まえがき

日本速読協会は、一九八四年から速読の普及活動をはじめ、いわば現在の速読ブームに火をつけたパイオニアともいうべき存在です。

当協会の「スーパー速読」は、斜め読み・飛ばし読みとはまったく異なり、すべての文字・文章を視野にとらえる読み方です。そのため視野拡大トレーニング・目の強化トレーニングなどを通して、誰もが読書速度を向上させることができるよう目指しています。

ただ、やみくもに速く読んでも意味がありません。小説や文学なら、行間や活字になっていない部分を読み取ることも大きな楽しみのひとつですから、必要以上に速い速度は求められないでしょう。

一方、一般的な教養本や実用書（経済・政治・ＩＴ関連など）の場合は、読み取るべきテーマや情報がはっきりしていますから、速読はきわめて有効です。とりわけ、新書は小見出しで比較的短くまとまった文章に区切られているため、速読の対象としては、とても有効なのです。

本書では、速度の第一目標を、まず「3倍」に設定し、1週間のトレーニングプログラムを設定しました。これまで1ページ1分かかっていた人は、1冊200ページの本を読むのに3時間以上かかっていたわけですが、3倍になれば、1冊を1時間で読むことが可能です。

この「3倍」という目標は、本書のトレーニングを実行すれば、どなたにでも達成可能だと断言できます。それは当協会のこれまでの実績が証明しています。

さらに、速読トレーニングは継続することで、速度も理解力・記憶力も飛躍的に伸ばしていくことができます。10倍の速度を達成するのも、そうむずかしいことではありません。10倍になれば、「新書1冊を15分」も、十分可能になります。

本書では読み進めながら速読トレーニングも実行し、さらに継続するために必要なアドバイスも掲載しました。本書は「読み進むほどに重要なポイントが書かれている」ことを念頭においてください。

速読能力の向上は、たんに「本を速く読む」能力だけではありません。集中力を向上させ、眼力をつけ、頭脳を活性化し、理解力、記憶力・想起力を高めます。眠っていたあなたの可能性をひきだします。

速読をトレーニングした方たちの中には、難関の大学に合格した人、資格を取得した人、ビジネスに役立てている人も、たくさんいらっしゃいます。中には1分間に1万文字を超える速読者さえ、次々と生まれています。

スーパー速読は、本の読み方だけではなく、人生をも変えるのです。

それではページをめくって速読トレーニングを開始してください。

二〇〇九年十一月吉日

日本速読協会　井田《いだ》　彰《あきら》

新書1冊を15分で読む技術◎目次とスケジュール

訓練した日を記入しましょう

第1日

月　日

所要時間 **30**分

第2日

月　日

所要時間 **45**分

第3日

月　日

所要時間 **45**分

●スーパー速読の理論

速読を実現する3つの要素

トレーニング次第で誰でも本は速く読める

速読を実現するためには、次の3つの要素が必要になります。

●より速く視《み》る

●よりよく理解する

●より正確に思い出す

速読は、練習・トレーニングを行ない訓練することで実現できるのです。これは「速く走る」とか「速く泳ぐ」といった、スポーツにおけるトレーニングと同じ意味を持っています。

別な言い方をすると、トレーニングである以上、誰でもある程度のところまでは、必ず〝できる〟ということになります。

では、何をもってできると言うのでしょう。

たとえばスポーツの場合、〝できる〟ことの目標が「オリンピックで金メダルをとる」なら、これは、たったひとりしか〝できる〟ことにはならないことになってしまいます。

しかし楽しみながらほどよく速く走ったり、あるいは速く泳いだりするということが目標であれば、誰にでも必ずできますよね。

速読でも同じなのです。

ただリアルなスポーツと違うのは、鍛えるべき部分が腕や脚の筋肉ではなくて、目の筋肉であり、脳の活性化された使い方だったりするということなのです。

すなわち速読は、トレーニングが可能な、知的な意味合いでのスポーツの一種だと言い切ることができます。

ではどれくらい速ければ速読といえるのでしょうか？　あるいはどれくらいまでな

ら誰にでもできる速読なのでしょう？

速度についての速読の定義などは存在しませんが、日本人の平均的な読書速度は1分間に400〜600文字程度といってよいでしょう。

日本速読協会のトレーニングを開始する際には読書速度などのファースト・チェックを行ないます。長年にわたる数多くの方のチェック記録が残っていますが、1分間に400文字以下の方は遅いほう、800文字を超える方はかなり速いほうと言えます。つまり個人差として2〜3倍の速度差があることがわかっています。

さらに同一の人が同じ文章を普通に読む＝黙読すると仮定しても、できるかぎり速く読もうと努力するだけで、2〜3倍の速度差が出て、普通なら400文字の人も1000文字近く読めることもあります。

速読ではない、普通の読み方も3倍くらいまでは高速化することはできますが、このくらいスピードを上げると「読んだけれども何が書いてあったかわからない」といったことが頻発します。

やはり「わかっていなければ読んだとは言わない」のですから、普通の読書法では

3倍の読書速度というのはかなり厳しいレベルです。絶対的文字数としては1500文字くらいが上限であり〝読める・読めない〟の境界ラインになります。

ですからこの3倍の読書速度のラインを超えられたなら「速読ができた」ということにしましょう。

200ページ前後の、そう厚くはない新書や単行本を読み続けたと仮定して、今までは3~4時間以上必要だったものが、1時間はかからない、というのが、この「スーパー速読」の入門レベルです。

入門レベルとはいっても、この読書速度は限りない可能性・有効性を持っています。というのも、日ごろ読書をする場合には、3~4時間以上も集中して読み続けるのはなかなか困難です。

読み終えるまでには、当然休憩を取るでしょうから、実際は5時間以上かかります。

あるいはその日のうちに読み終えられなければ、「積《つ》ん読《どく》」に終わる恐れもあります。

しかし1時間足らずで1冊の本を読みきることのできる速読者は、その本の知識を確実に獲得できます。次々に本を読破して、そこに書かれている知識・情報を自分のものとすることが容易になります。ビジネスマンの方も学生さんも、それがどんなに力強い能力か、よくおわかりでしょう。その力を、本書の1週間トレーニングで身につけていただきたいと思います。

「速読は、一般書などの難しくない文章では、何千文字も読めるかもしれないけれども、難しい専門書や学術書はどうなのだ」と疑問を持つ人もいるでしょう。

当然、それらの速読も可能です。ただし、こうした本を読むときには、通常の本が1分間に500文字は読めるという人も、おそらく250文字程度と半分くらいの読書速度があればよいほうでしょう。

速読を練習した後は、専門書を1分間に250文字読んでいた人は、700〜800文字読めるようになるわけで、相対的には3倍の読書速度になるのです。

ちなみに、普通に練習すれば誰にでもできる速読レベルとは、どのくらいのレベルなのでしょうか?

これは相対的に10倍、絶対文字数としては1分間に6000~8000文字くらい……と、本書ではしておきましょう。特別な素質がなくても、驚異的な訓練をしなくても、着実にトレーニングを積み重ねれば、誰にでも達成可能なスピードです。

そうなれば、新書1冊を15分で読む技術が完成します。

速読を実現するためには、いままでの読み方(普通の黙読)の方法を変えて、速読の読み方にする必要があります。

「スーパー速読」は、従来のいわゆる「飛ばし読み」「斜め読み」などの読み方とは異なり、すべての文字を見る読み方です。

この「スーパー速読」を、本を読むことの段階に分けて考えると、

〈情報をインプットする〉→〈情報を処理する〉→〈情報をアウトプットする〉

となりますが、この3段階は最初に挙げた速読を実現するための3要素にそのままリンクしています。すなわち、

●**情報をインプットする**
＝視る能力のトレーニング
●**情報を処理する**
＝認識、理解する能力のトレーニング
●**情報をアウトプットする**
＝思い出し、応用する能力のトレーニング

ということができ、「視える眼」と「理解する脳」を作る作業です。つまり、「速読の目」と「速読の脳」を実現させることになります。

「速読の目」は、直接的に読み取る練習であり、「速読の脳」は脳の使い方を変える、もしくは活性化させる練習です。実際には、目で見たものは脳が処理しているわけですから「脳で視る」トレーニングだということもできます。

この結果、予期せぬ効果も実現します。つまり、単に「速く読む」ことができるだけではなく、理解力・洞察力や表現力などが向上することになります。人生を大ききく、豊かにする原資・資産になるのです。

「スーパー速読」トレーニングの原理

一般的読書方法と速読法とは明らかに違う点があります。それが見方です。速読の見方ができるようになれば、自動的にスピードを増していくことが可能になるのです。

本書の判型は新書判ですが、日常読んでいる単行本や新書など、いろいろなサイズの本を開いて見てください。

本の1ページ全体が当然視野の中に入りますね。しかし、これではページ全体の文字がただ見えるというだけで、風景のように見えるというのと変わりがありません。意味を持った文章として読むためには、通常、文章のなかの狭い範囲の何文字かを、順次に目で追い、認識できた文字を1文字ずつ読むことになります。

この見えている狭い範囲を1文字ずつ「読む」のではなく、数文字単位の「文字ブロック」として「視る」方法に変えることができたら、画期的に速度が上がります。
これが「スーパー速読」の原理です。

さらに1行全体を一度に読み取ることができたら、素晴らしい能力が勝ち取れることが、おわかりいただけるでしょう。この「文字から文章ブロックへ」と、見える範囲を拡大していくことが、トレーニングで可能なのです。

次の文章を一目で見てください。

桜の開花は、＋今年は早い。

中心の＋は視点をおくポイントと考えてください。ポンという感じで一目で見て、目を上げます。文字としては10文字ですが、読み取ることができましたか？

うまくいかないという方は、次の2ブロックを試してください。

桜の開＋花は、

今年は＋早い。

●「速読の目」の訓練ポイントは、いかに目を止めるかということにある。

①文章の文字ブロックにいかに速く視点を止め、
② 視点を止めた時に、焦点の合う文章ブロック（視野）の文字数をいかにして増やし、
③次の文字ブロックにいかに速く視点を移動させるのか

という３点に集約される。

今度はうまく読み取れましたか？

初めてでは10文字のブロックは無理という方がいても、5文字のブロックが2つなら連続して読み取れますよね。

1ブロックが4～5文字程度なら、誰にでもそう難しいことではありません。

自動車の運転中に、案内表示や地名などの標識類は1文字ずつ読んではいないはずですし、駅名の案内板なども当然そうです。

ここで普通の読み方をしている場合の、視点の動きを整理しておきましょ

う。

アイポイントカメラ（運転技能の訓練などに使われる）で視点の動きを確認すると、普通の読み方をしているときの目の動きは、例1、例2のようになっていることがわかります。

例1では、集中して読んでいない状態や、その結果どこを読んでいたのかわからなくなって、何度も戻って同じ部分を読み返したりするときの目の動きです。

より問題があるのが例2です。この場合速く読もうとするために視線を流したり、飛ばしたりするわけですから、流れている部分は読んでいないのと一緒です。つまり情報は何も脳にとどかないし、飛ばしたときに目が止まるのは、多

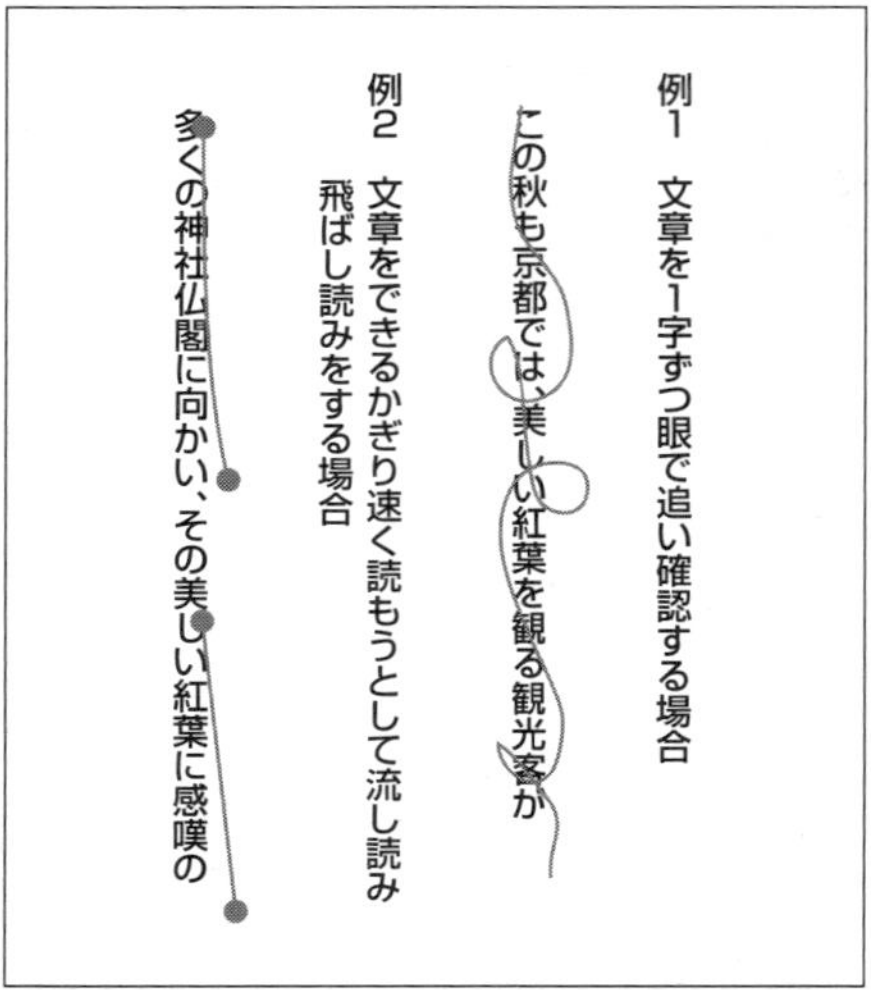

例1　文章を1字ずつ眼で追い確認する場合
この秋も京都では、美しい紅葉を観る観光客が
例2　文章をできるかぎり速く読もうとして流し読み
飛ばし読みをする場合
多くの神社仏閣に向かい、その美しい紅葉に感嘆の

くの場合、カタカナや漢字の部分ですから、これも理解が低い原因になります。

速度を上げて流し読みすると、流した部分には目の焦点はまったく合っていないので、当然、読み終えた後に何も理解できていません。あるいは内容を覚えておこうとすると、目の止まる漢字の部分だけを必死で記憶しようとするのですが、前に憶えたはずの事柄を端から忘れてしまうだけになってしまいます。思い当たる方も多くいらっしゃるのではないでしょうか。

「スーパー速読」トレーニングの構成

「速読の目」で大切なのは、次の3点。

【ポイント1】目をピタッと止めることです。決して流してはいけません。

【ポイント2】目を止めたとき、**焦点を合わせることのできる範囲（視野）を拡大すること**です。

【ポイント3】 次のピタッと止める位置まで、**目をすばやく移動すること**です。

これができるようになると、自然に3倍以上のスピードが身についています。

本書には何種類ものトレーニングが載っています。速読のために必要な集中力や、目の筋肉、脳を訓練する合理的なトレーニングです。

何種類もあるので、複雑に見えるかもしれませんから、構成を解説しましょう。

左ページの表にまとめたように、

●基本トレーニング

●目の強化トレーニング

●応用（脳の強化）トレーニング

と大きく3つに分けられます。

この中で、ポイント1の目をピタッと止める訓練と、ポイント3のすばやく移動する訓練を、基本トレーニングの中の「視野アップトレーニング」で、ポイント2の、目を止めて焦点を合わせることのできる範囲（視野）を拡大する訓練をするのが「視野アップトレーニング」と「目の強化トレーニング」なのです。

基本トレーニング

●集中力トレーニング

・丹田呼吸法
・一点集中法
・集中力移動法

●視野アップトレーニング

・集中力左右移動法
・集中力上下移動法
・集中力対角線移動法
・集中力円移動法

目の強化トレーニング

・記号式トレーニング
・文字・数字式トレーニング

脳の強化トレーニング

・本読みトレーニング
・応用トレーニング（イメージ力）
・応用トレーニング（想起力）

第1日

現在のスピードを知って基本訓練から始めよう

所要時間 30分

ファースト・チェック&目標設定

1週間のカリキュラムに入る前に、現在のあなたの実力をチェックして記録しておくことにしましょう。

この1分間読書速度スピードチェックは、日本速読協会が主催する講座・講習会でも、必ず最初に行なっています。トレーニングを始める前の現状を把握し、その3倍のスピードとはどれくらいの速さなのかを具体的に知っておくことは大切ですし、今日から始める1週間トレーニングの目標が明確になるからです。

この速読1週間のカリキュラムが終了したとき、速読能力の〝ビフォー&アフター〟に驚くことでしょう。

●その前に

ファーストチェックの前に、タイマーを用意してください。

このチェック以降、さまざまなトレーニングは、すべて時間（1分間・2分間）を計りながら行ないますから、ストップウォッチやタイマーなどを用意してください。

このファーストチェックや、4日目以降の「本読みトレーニング」では、どれくらいの時間で読み終えたか、所要時間を記録しながらトレーニングを進めます。

毎日の基礎トレーニングには、1分（あるいは2分）経ったら、アラームが鳴る機能があると便利です。この際、購入するならカウントダウン機能とカウントアップ機能の両方を備えたタイマーがおすすめです。

●ファースト・チェック

28〜29ページは、ファースト・チェック用の文章です。約1000文字あります。29ページ下の数字は、そこまでの文字数になりますから、読後に簡単に文字数を数えることができます。あなたは1分間に何文字読めるでしょうか。

読み方には、以下の3条件をつけます。

【条件1】 現在、可能なかぎり最高の読書速度で読んでください。

講座でもこの条件で読んでいただいていますが、参加者のなかには1000文字を1分足らずの間に余裕で読みきる方がよくいらっしゃいます。そこで「素晴らしい、とても速いですね」と声をかけて、さらに「ところで何が書かれていたのか、説明していただけますか」と、お聞きすると一瞬困った表情をされて「えー、速く読むのに必死でほとんどわかっていません」というお答えが返ってきたりします。

決して揚げ足を取ろうとしているわけではありませんが、やはり、わかっていなければ読んだとはいえません。ただ速く、文字の上に目を走らせるだけというのではいけません。

【条件2】 できるかぎり読んだ内容を理解してください。

【条件3】 名称なども、可能なかぎり憶えてください。

読後には、理解度チェックがあります。読み終えた内容の中で思い出せる単語・熟語・名称などを書き出していただきます。いくつの単語を書き出すことができるでしょうか。

文章の要約や、読後感でチェックすると基準があいまいになって数値化できなくなりますから、感想文などにはしなくてよいのです。

このカリキュラムを進めていく上では、単語の「数」で判断し、訓練していくことにします。

▼では、タイマーなどで1分間を計って読んでください。

▼終わったら30ページのチェック表に記入しましょう。

読後の、チェック項目は以下のとおりです。

速読スピード＝1分間に読んだ文字数

内容の理解度　（優・良・可・不良）

読書中の集中度（優・良・可・不良）

記憶力（単語・熟語）の書き出しとその個数

理解度の採点基準は、

優＝内容の詳細まで理解し、固有名称などもつかめている。

良＝内容の主な流れをつかみ、かなり理解できる。

可＝文章内容の大筋がわかる。

集中度の良否は、数値にすることはできませんから感覚的に自己採点してください。

●思考と言語

私たちがあることがらについて考える場合、どういうことが内部に起こっているだろうか。日頃、私たちはこんなことについてほとんど考えてみることがないが、考えだすとふしぎな気持ちがしてくる。考える過程、つまり、思考過程はすべて私たちの脳内に記憶されている言葉の体系によって成り立っているらしいのである。言葉なしには、私たちの思考は全然運転がきかないと考えられる。思考の展開には、言葉は必要不可欠のものであるが、これらの言葉は、私たちが日常の会話で使い馴れているものとはかなりちがっている、と私は考える。日常会話に使用される言葉は、いってみれば、条件反射的なものであって、会話を交わす双方で、必要とされる情報が交換され、理解されれば、それで完結するものといえよう。

他方、考える過程において使用される言葉は、日常会話に使用される言葉から抽象されたものである。したがって、こちらには、記憶された言葉の量の大きさのほかに、言葉の意味

▲408

に対する正確な理解が伴っていなければならない。思考が一般に抽象性をもつのは、このような言葉自体の変貌にも原因するのだといえよう。

私には、母国語である日本語の他には英語しか話せないが、アメリカに住んだ最初の頃に▲512は、英語で物事を考えることは、ほとんどできなかった。日常会話とちがって、こちらはたいへんな努力をもってしても、最初はなかなか巧く行かなかった。語彙の豊富さと、それに対する正確な理解がなければ、英語で物事を考えるなどということは、ほぼ不可能である。▲635

私が最初に落ちついた研究室の主任であったバウアー博士は、私に英和辞典も、和英辞典も使うな、それから、どんなにまずくても英語で考えよ——ということを強くすすめた。私は、博士の指示を大事に思い、守るように心がけて来た。これが初めどんなに辛いことだっ▲757たか、とても言葉ではいい表せない。アメリカで買ったウエブスターの辞典を、ある単語の意味を知るためにひくと、その説明にまた知らない単語が、ひとつふたつ入っているというわけで、何度日本から持って行った英和辞典を使いたいと思ったかしれなかった。▲876

しかしこの忠告のおかげで、私はウエブスター辞典を、ついに使いこなせるようになった。今も手もとにある赤い線のいっぱいひかれ、ぼろぼろになった辞典をみるたびに、辛かった時期のことと、この時期が、私の英語の勉強にいかに大事であったかを想いだす。▲995

1行41字×約25行（『「考え方」の風土』桜井邦朋より）

ファーストチェック記入シート

年　　月　　日

速読スピード　　　　　　文字／分

内容の理解度　　　（優・良・可・不良）

読書中の集中度　　（優・良・可・不良）

覚えている単語・熟語・名称などを書き出しましょう

…………………………………………………

…………………………………………………

…………………………………………………

…………………………………………………

…………………………………………………

…………………………………………………

…………………………………………………

…………………………………………………

単語などの数　　　　　　語

目標記入シート

今日の日付	月	日
いつまでに	月	日

終了時までに達成したい目標を
記入しましょう

読書スピード 文字／分
開始時点の　　　倍

ファースト・チェックの後で目標を設定しましょう

どうでしたか？　思ったように読めたでしょうか？　右ページにファースト・チェックの結果を書き込んだら、上のスペースに、1週間後の目標を記入しましょう。

サインペンなど、太い筆記具で、できるだけ大きな字で書いたほうがいいですね、力強い決意表明は、自分自身への励ましになります。

34ページから、実際のトレーニングに移りますが、その際、「こんな訓練で本当に速読ができるようになるのか」という疑問や不安が生じることがあるかもしれません。

しかし、迷いながらトレーニングしていてはあなたの能力を引き出すことはできません。「自分にもできる」と信念を持ってトレーニングを続けてください。そうすれば、かならず良い結果が出て、自分でも驚くくらい上達することができます。「スーパー速読」の入門レベルとしている「3倍」の速読には、個人差はありません。つまり、誰でも必ず達成できます。

さらに先ほどチェックしていただいた最大速度ではなく、あなたの普通に読む速度からなら相対的には10倍程度、絶対文字数としては6000～8000字くらいまではかなりの確率で可能であると言えます。

これは日本速読協会の25年以上の講習経験に基づいて、そう言いきることができます。

それではどれくらいの期間で「3倍」になるのでしょうか。ここでも「1週間」に個人差はない、と言いたいところですが、この期間には若干の個人差があります。

トレーニング時間と、スピードの関係は直線的な比例関係ではなく、最初は伸び悩んでいたものが、途中からぐんぐんと伸びてきます（217ページ・グラフ参照）。

7日目に3倍を達成する方は多いのですが、この期間中にほんの少ししか速くならず、しかも初速がかなり遅かった人が、1カ月継続して訓練したところ、1分間2000文字以上の速度に達したというケースも実在します。

トレーニングを継続すれば、かならず目標を達成できますし、もちろん期間を1週間に限定せず、さらに高い目標であってもかまいません。「新書1冊を15分で読む技術」を完成させましょう。

集中力トレーニング

【①丹田呼吸法】

集中力トレーニングは1週間、毎日行なう

「スーパー速読」をマスターする上で、大切な基礎の部分が、この「基本トレーニング」です。カリキュラムに従って、毎日規則正しいトレーニングを行ないましょう。

トレーニング持続のコツは一日も早く、自分のリズムをつかむことです。

「30分早起きして出勤前」とか「夜、お風呂から上がったら必ず」など、日常のルーチンにしてしまいましょう。

実際のトレーニングは82ページからの［基本トレーニングシート］で行ないます。

このページからの解説・説明と［基本トレーニングシート］を確認しながら読み進め

てください。

「基本トレーニング」には、「集中力トレーニング」と「視野アップトレーニング」がありますが、第1日目は「集中力トレーニング」を行ないます。

また今日のトレーニング結果は、必ず「チェック用紙」（44ページ）に記入しましょう。

●集中力トレーニング

速読ドリルカリキュラムの期間中、トレーニングの最初に行ないます。速読するのに必要な「集中力をつける」ことを目標に、訓練を進めます。

トレーニングには、

①丹田呼吸法
②一点集中法
③集中力移動法

の3種類ありますから、これをまず身につけましょう。

このトレーニングによって、必要なときに集中力を発揮することが可能になりますが、速読のためだけでなく、あらゆる場面で有用です。受験勉強でも、目の前に詰まれた書類の山でも、資格試験のための分厚い参考書でも、どんなときでも最大限の集中力が発揮できるのですから。それが本来の目標でもあります。

これだけでも有用な技術ですから、しっかりと取り組んでください。

「スーパー速読」の基本が、この丹田呼吸法です。名前を聞いたことはあるかと思いますが、古くから体の根本といわれる下丹田（ヘソ下約8センチの部分）で行なわれる深い呼吸です。

この丹田を意識して、そこに息を深々と吸い込みます。約2倍の時間をかけて、息をゆっくりと吐きます。これが丹田呼吸法です。

息は鼻で吸い、鼻から吐きます。細く、長く、静かに行なってください。このとき音の出る呼吸をしないように注意しましょう。

通常1分間の呼吸数は平均17回ほどですが、この丹田呼吸法を行なうと、1分間に3〜4回になります。自律神経のバランスが整えられ、心身は安定して、いわゆるα

波が出た状態になります。こうして集中力が高まり、心身のベストコンディションを保てるのです。

トレーニング方法

- トレーニングシートのイラストを参照してください。
- 1回のトレーニング時間は1分間。これを2～3回行ないます。
- 背つきイスの場合は少し前に腰掛け、背もたれは使用しないでください。背筋をまっすぐ伸ばし、あごを引き、首筋を伸ばします。
- 下丹田に意識を集中します。
- 下丹田に息を入れるイメージで鼻から6秒で吸い12秒で鼻から出します（肺活量の少ない子供や、女性の方は4～5秒で吸い、8～10秒間で吐いてもかまいません）。息を出しても少し（30％くらい）残っているイメージで。
- 6秒吸って12秒で息を吐く呼吸を数えながら行ないます。呼吸法が身につくに従い、数えなくてもできるようにしてください。トレーニング時間は**慣れてきたら2**

分間にします。

▼では1分間×2～3回、「丹田呼吸」します。

▼呼吸し終えたら1回ずつうまくできたかどうか、結果を44ページに記録してください。

〈➡トレーニングシート＝83ページ〉

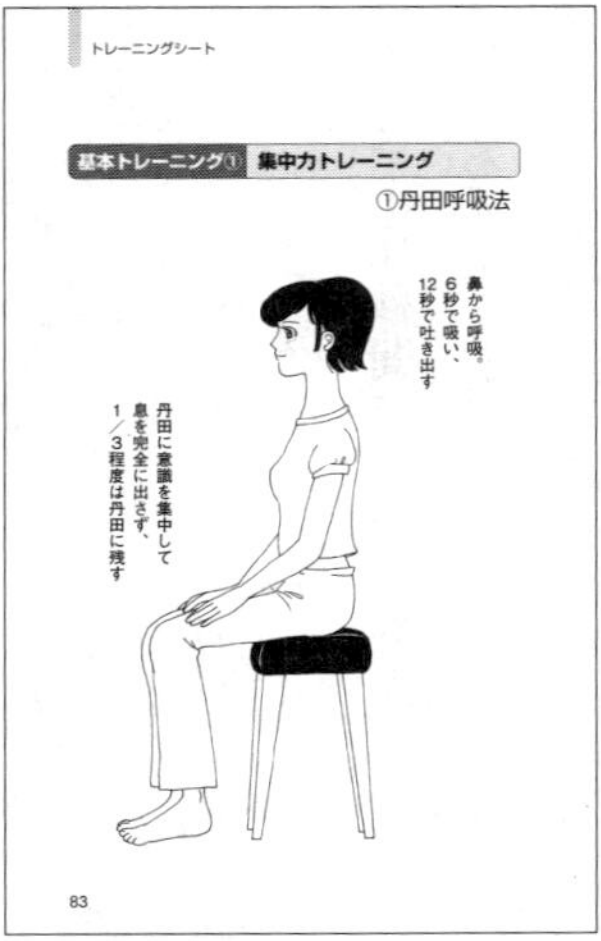
トレーニングシート
基本トレーニング① 集中力トレーニング
①丹田呼吸法
鼻から呼吸。6秒で吸い、12秒で吐き出す
丹田に意識を集中して息を完全に出さず、1／3程度は丹田に残す
83

【②一点集中法】

集中力を、より一層強化するトレーニングです。丹田呼吸をしながら、黒点一点を瞬《まばた》きせずにじっと見つめます。

これによって、耐久力や持続力が強化されるとともに、とくに視覚の集中力を最大に発揮できるようになります。

また、一点が、確実に大きく捉えられるようになる訓練です。

トレーニング方法

●呼吸は丹田呼吸です。前ページで実践した、丹田呼吸をする際の姿勢や呼吸方法、数を数えることなどに注意してください。

●丹田呼吸法と同じ姿勢をとり、机などの上にこのドリルを少し角度をもたせて持ちます。訓練図の中央に鼻筋がくるようにします。

●目をやや大きく見開いて、軽くあごを引き、瞬きをしないで1分間、焦点を合わせて集中します。

●黒点が、はっきり見える、大きく見える、と自己暗示をかけます。

●黒点を凝視すると、黒点の周りに太陽のコロナのように明るい残像が出ます。この残像がゆがんでいたり、あちらこちらに移動したりしてはいけません。大きな真っ白の残像の中心に黒点を大きく捉えられるのが理想です。

●1回のトレーニング時間は、1分間。2〜3回行ないます。

▼それでは1分間×2〜3回、「一点集中」してみましょう。

▼訓練を終えたら1回ずつうまくできたかどうか、結果を記録してください。

〈⬇トレーニングシート＝84ページ〉

【③集中力移動法】

視点が移動しても集中力を落とさないようにするトレーニングです。マスターすると眼球を一定した速さで正確に移動できるようになり、いつでも視点を見る対象に合わせることができるようになります。

トレーニング方法

●呼吸は丹田呼吸です。丹田呼吸の姿勢や呼吸方法、数を数えることなどに注意します。
●丹田呼吸法と同じ姿勢をとり、机などの上に本書を少し角度をもたせて持ちます。訓練図の中央に鼻筋がくるようにします。
●呼吸は丹田呼吸、目をやや大きく開いて視点を移動します。このとき、瞬《まばた》きをできるかぎりしないように気を付けましょう。
●黒点と黒点の実線に沿って視点を移動します。最初の黒点を集中力を最大にして1秒見つめ、次の黒点へ5秒かけて視点移動します。
●そして次の黒点を、1秒見つめます。さらに次の黒点へ5秒で進みます。
●この繰り返しで視点を移動します。
●6秒吸って12秒で息を吐く呼吸の数を数えながら視点を移動しますから、最初の黒点から2つめの黒点までが、息を吸う6秒間、2つめの黒点から3つめまでは息を吐く6秒間、3つめから4つめまでも息を吐く6秒間になります。
この繰り返しで視点を移動します。
●黒点がハッキリと目に入ってくる、と自己暗示をかけましょう。
●この方法で1分間上から下へ、続けて1分間下から上へ視点を移動します。ほぼ2分間で誤差なく終了できるのが理想です。
●1回のトレーニング時間は、黒点の上から下までの1分間。2~3回行ないます。
慣れてきたら上から下、下から上というように連続して往復する2分間にします。
▼それでは1分間×2~3回、「視点移動」してください。
▼訓練し終えたら1回ずつうまくできたかどうか、結果を記録してください。

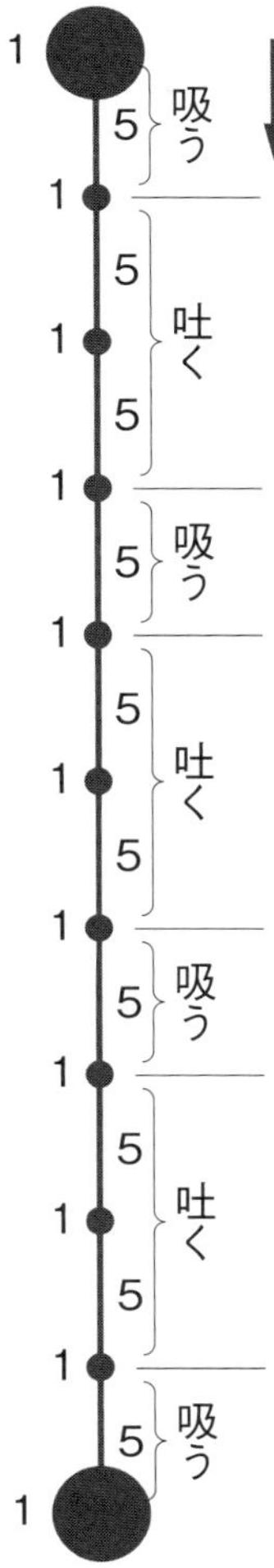

〈⬇トレーニングシート＝85ページ〉

第1日目のチェック表

●集中力トレーニング

丹田呼吸法〈1分〉	●背筋を伸ばした正しい姿勢をしていますか ●呼吸は6秒／12秒でスムーズにできましたか ●集中して行なうことができましたか	優・良・可 優・良・可 優・良・可
一点集中法〈1分〉	●瞬きをせずに行なうことができましたか ●焦点が定まっていますか ●丹田呼吸はスムーズにできていますか	優・良・可 優・良・可 優・良・可
集中力移動法〈1分〉	●丹田呼吸はスムーズにできていますか ●スムーズに視点移動ができましたか ●2分間で往復運動ができましたか	優・良・可 優・良・可 優・良・可

「スーパー速読法」本来のトレーニングでは、基本トレーニングから、目の強化トレーニング、本読みトレーニングまでのすべてにおいて丹田呼吸します。しかし、丹田呼吸ができなければ速読を習得することができないわけでは決してありません。

もちろんできたほうが望ましいことは確かですが、集中力トレーニング以外の訓練では、それぞれ本来のトレーニング目的に支障をきたす場合も考えられます。

本書では1週間のカリキュラムであるということから、丹田呼吸は、1日目に訓練した3つの集中力トレーニング（丹田呼吸法・一点集中法・集中力移動法）においてのみ行なうこととします。

とくに初心者は、視野アップトレーニング以降の訓練では、あまり丹田呼吸は意識せず、おなかで息を整えるくらいの気持ちで、リラックスしてのぞんだほうがよいでしょう。

丹田呼吸は、日本では禅宗のお坊さんたちがする座禅の呼吸法です。実際に日本速読協会のスタッフも、北鎌倉の圓覚寺《えんがくじ》（臨済宗圓覚寺派大本山）にお願いして、研修をしていただいています。圓覚寺では、毎日早朝から一般向けに「暁天座禅会」を開いているので、興味のある人は参加されてはいかがでしょうか。

巻末カラーページの解説

16ページでは、10文字のブロックを一目で見ていただきました。続いて5文字×2ブロックも同様に試していただきました。

誰にでも4〜5文字程度で、1度に1ブロックならそう難しいことではない、と説明しました。試してみると問題なく読み取り、理解できたと思いますが、実は人間の視野は、はるかに広い範囲を捉えているのです。

何文字くらいがちゃんと視野の中に入っていたのか、皆さんはトレーニング前ですから自覚することができないだけです。どのくらいの範囲が捉えられているのか、簡単に実験してみましょう。

巻末のカラーページの①②をご確認ください。

①赤色の円・一点集中法のカラーバージョン

②彩色が普通とは違う変なチューリップ

この2枚の実験シートを使って、簡単な実験をしてみます。実験①と②は続けて行なわず、1〜2分、時間をおいて行なってください。

▼実験①

一点集中法の要領で30秒間、①の赤色の円を凝視します。赤色の円は、一点集中法の黒点ほど小さくないのですが、見つめている30秒間は円の範囲から絶対に視点をはずさないでください、できるかぎり瞬《まばた》きはしないように。

30秒が経過したら、視点をページ右側の余白部分に移し、2〜3回かるく瞬きします。

▼実験②

②のチューリップも凝視は30秒間ですが、見つめるポイントは花と茎の間のわずかな隙間です。この隙間から視点をはずさないように、また、できるかぎり瞬きをせずに凝視します。

30秒が経過したら、視点をページ右側の余白部分に移し、2〜3回かるく瞬きします。それでは、最大限に集中して、実験開始！

【解説】

反対色（正確には補色）の残像が見えたでしょう。カラーですから確認もしやすく、現れた残像は、②ではちゃんとチューリップになります。

このことから、思ったよりも大きく広い範囲の情報が頭脳に送られていることがわかります。

次ページでは、残像を利用して、チェックを行ない、そこでさらに詳しく解説します。

残像チェックで視野の範囲を確かめる

53ページの図表で、残像チェックを行ないます。手順は、カラーページの①②で行なった実験方法とほぼ同じですが、残像チェックには、52ページの白ページを使用してください。

●訓練手順と注意点

一点集中法の要領で、図表中心の小さな黒点を凝視します。凝視の時間は30秒間です。一点集中法の黒点よりかなり小さくなりますが、見つめている30秒間は黒点から視点がはずれないように集中してください。

目を見開きぎみにして、瞬《まばた》きはできるかぎり我慢します。周囲に目をやったり、とくに数字を覚えようなどとは決してしないこと。

30秒が経過したら、視点を準備しておいた白紙に移動させ、2~3回かるく瞬きします。

【解説】

私たちが見ている対象物は、目の水晶体と神経を通して脳が視ています。この訓練のように30秒間もの長時間凝視すると、中心視野に入る情報全体が網膜に残像として残るのです。

1文字ずつ普通に読んでいる場合にも、実は、前後の文字情報も脳には届けられているのです。しかし、1文字ずつ視点を移動させて、理解していくという制約上、情報として何文字も届けられても、ほとんど意味がないことになります。一方、速読の場合は、頭の中で黙読するのではなく、初めから文字ブロックとして理解するトレーニングですから、頭脳に届く文字数が多ければ多いほど有利になります。

実際に行なってみると、どのくらいの範囲の数字が見えましたか？　今回、初めて行なうときには、中心寄りの4数字くらいが残像として出てくるだけかもしれません。

しかし、集中できる視野は、トレーニングで大きく広げることができます。2日目以降で行なう視野アップトレーニングによって、最終的にはページ全体の残像を出すことができるほど範囲が広がります。

※残像訓練は、何度も連続して繰り返さないでください。

※カラーページの実験を含め、何度か試してもほとんど残像が出てこない方が少数ですがいらっしゃいます。とくにご高齢の方はご注意願います。

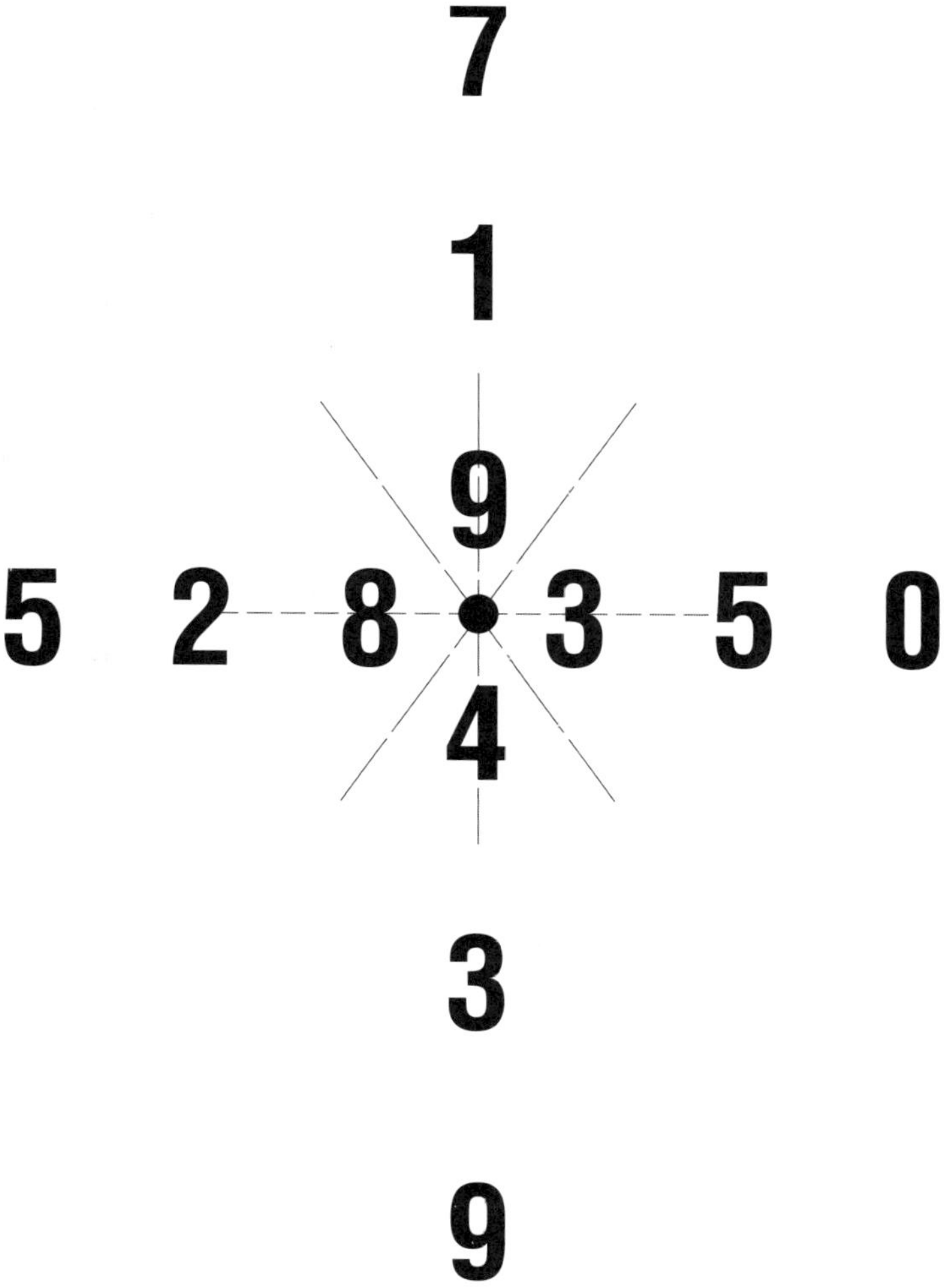
7
1
9
5 2 8 3 5 0
4
3
9

第2日

眼筋の働きをよくする訓練をマスターする

所要時間 45分

第2日目は、まず昨日の集中力トレーニングを反復することから始めます。「丹田呼吸法」2分、「一点集中法」1分、「集中力移動法」2分を各2〜3回行なってください。

その後、本日のカリキュラム、視野アップトレーニングに進みましょう。

本来「スーパー速読法」では、すべてのトレーニングで丹田呼吸を行ないますが、本書では1週間のカリキュラムということもあり、集中力トレーニングにおいてのみ丹田呼吸を行なうこととして進めます。

基本トレーニング②　視野アップトレーニング

【①集中力左右移動法】

焦点を合わせられる視野の幅を広げる訓練です。これから紹介する4つのトレーニング方法によって視野を広げ、視野神経の発達を促します。黒点から黒点へ、速やかに視点を移動できるようにトレーニングしますが、その結果、文字のブロックが、文章ブロックとしてひと目で見えるようになります。

また眼球を支える6つの眼筋の働きを、バランスよくする効果もあります。眼球と眼筋の働きも、速くなるのです。

このトレーニングを行なったことで、仮性近視や乱視、遠視が改善したという報告も多くの人から受けています。この点に期待してトレーニングに取り組んでいただいてもよいでしょう。

ここでの重要なポイントは、焦点の合う速度と合っている時間の短縮です。視線を流していく速度を上げるのではありません。

トレーニング方法

●これまでのトレーニングと同じように良い姿勢をとり、デスクなどの上にこのドリルを少し角度をもたせて持ちます。
●訓練図の中央に鼻筋がくるようにします。
●呼吸は通常の呼吸でかまいませんが、なるべくおなかで息を整えるようにしたほうがよいでしょう。
●右の黒点を瞬時に的確に捉えた後、すばやく左の黒点へ移動します。下までいったら初めの上にもどってください。その繰り返しです。
●線を追うのではなく、点から点に視点をできるかぎり速《すみ》やかに移動します。
●時間は1分間。できるだけスピードアップしてスムーズに反復しつづけます。
●トレーニング中に視点の動きにつられて頭をふらないように注意してください。

●1回のトレーニング時間は、1分間。
2〜3回行ないます。

▼それでは1分間×2〜3回、「左右移動」します。

▼訓練し終えたら1回ずつうまくできたかどうか、結果を65ページに記録してください。

〈⬇トレーニングシート＝86〜87ページ〉

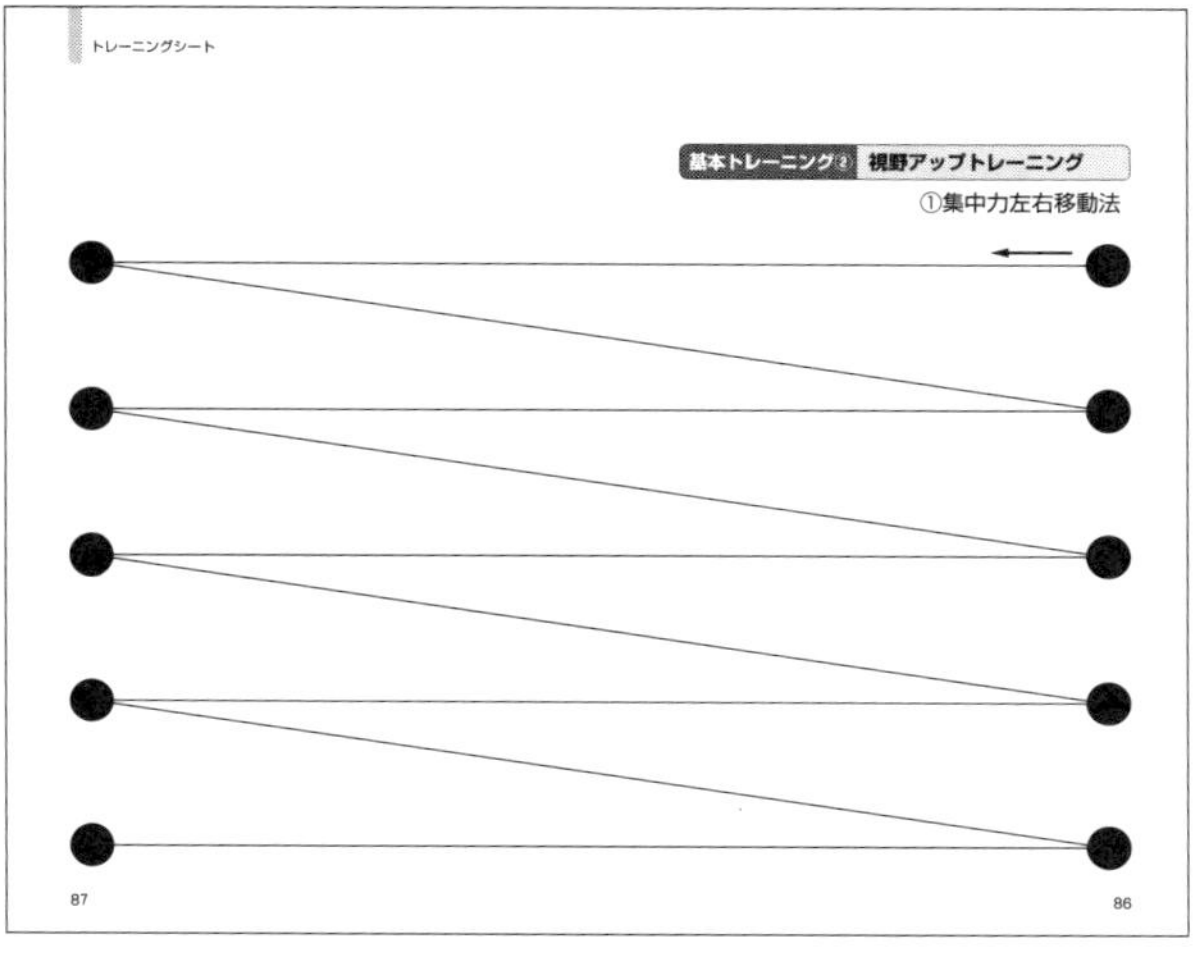

【②集中力上下移動法】

このトレーニングは、目の柔軟性を最大に活用する訓練です。リラックスして行ないましょう。

トレーニング方法

●これまでのトレーニングと同様に、良い姿勢をとり、デスクなどの上にこのドリルを少し角度をもたせて持ちます。

●訓練図の中央に鼻筋がくるようにします。

●呼吸は通常の呼吸でかまいませんが、なるべくおなかで息を整えるようにしたほうがよいでしょう。

●顔や体を動かさず、黒点と黒点を上下にできるかぎり速く的確に捉えて視点を移動します。

●時間は1分間。視点はこの時間中、反復しつづけます。

タテの視野を広げるための視点移動のトレーニングです。

▼では1分間×2～3回、「上下移動」してください。

▼訓練し終えたら1回ずつうまくできたかどうか、結果を記録してください。

〈⬇トレーニングシート＝88～89ページ〉

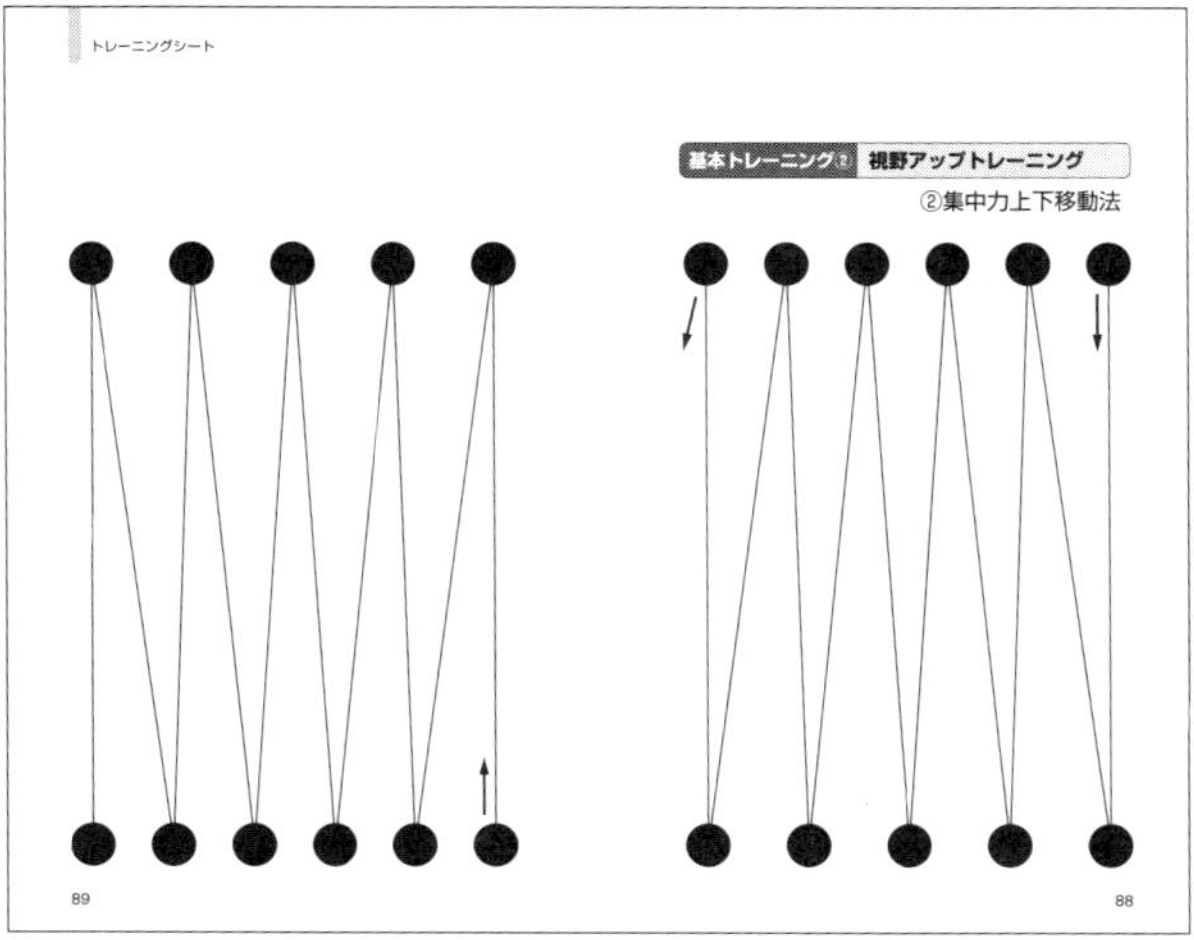

【③集中力対角線移動法】

トレーニング方法

●良い姿勢をとり、デスクなどの上にこのドリルを少し角度をもたせて持ちます。訓練図の中央に鼻筋がくるようにします。
●呼吸は通常の呼吸でかまいませんが、なるべくおなかで息を整えるようにしたほうがよいでしょう。
●黒点から黒点へ矢印の方向へ、上下、対角線の視点移動を的確にスピーディに行ないます。
●視点移動のスピードアップは重要ですが、そのあまり対角線を省略して8の字に目を流してはいけません。視点の移動は鋭角的にできるようにします。
●顔や体を動かさないように注意しましょう。
●時間は1分間で、繰り返し続けます。

▼それでは1分間×2〜3回、「対角線移動」しましょう。

▼訓練し終えたら1回ずつうまくできたかどうか、結果を記録してください。

〈⬇トレーニングシート＝90ページ〉

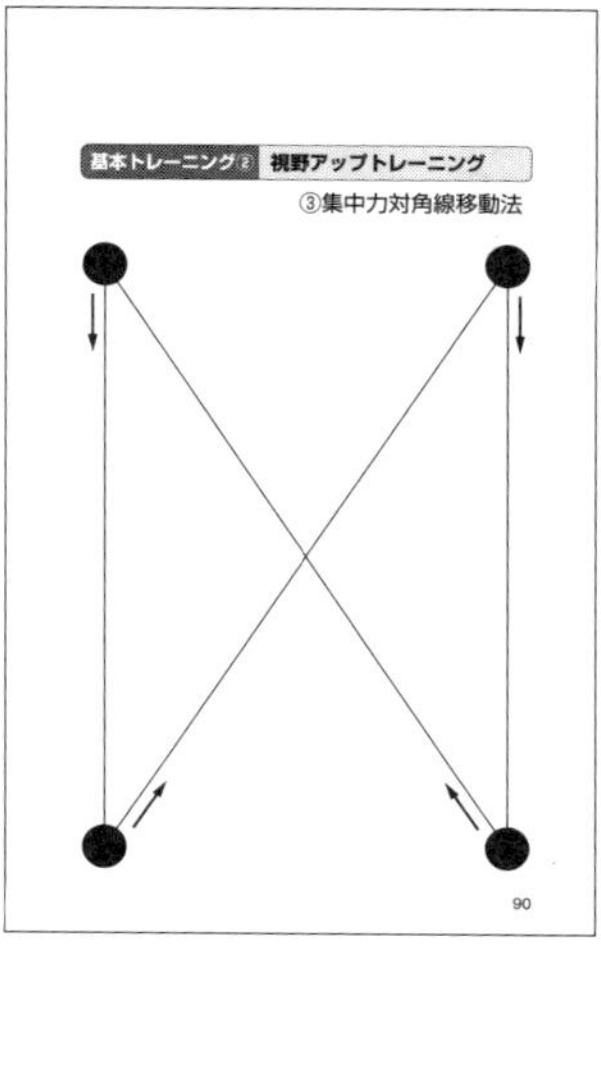

【④集中力円移動法】

トレーニング方法

●良い姿勢をとり、デスクなどの上にこのドリルを少し角度をもたせて持ちます。訓練図の中央に鼻筋がくるようにします。

●目をやや大きく見開き、15秒間くらい、円孤の上部にある黒点が時計回りに進むイメージをつくりながら、眼球を実際にできるかぎり円に回転させます。
●1回転1秒間程度のスピードで、目がスムーズに円を描くようにします。
●さらに目を閉じて、黒点（残像は白）を頭の中にイメージし、時計回りに15秒間くらい、目は閉じたまま眼球を回転するトレーニングをしてください。
●次に、目を開き同じように回転は逆方向に15秒間、トレーニングします。
●さらに15秒間目を閉じて逆方向の回転トレーニングを行ないます。
●目を見開いて眼球は時計回りに回し、目を閉じてイメージしながら時計回りに回す。
●目を開いて眼球を反時計回りに回し、目を閉じてイメージしながら反時計回りに回す。
●リラックスした状態で、自然に円を描けるように心がけてください。
●時間は全部で1分間。タイマーは15秒にはセットせず1分間内でおおまかに行なってかまいません。

この円移動法は、視点の移動速度を速める訓練ではありません。左右・上下・対角線移動法で、できるかぎりスピードアップしてトレーニングした眼筋をリラックスさせる目的です。

眼筋のクールダウンにあたると考えて、いかに眼球を滑らかに、かつ円をイメージしながら回転させるかがポイントです。

※シートの円孤よりも眼球の回転は大きくてかまいません。

※この円移動法では、丹田呼吸を伴って行なうことが理想的です。したがって眼球の円移動に慣れてきたら、6秒＋12秒（＝18秒）の丹田呼吸に合うように、15秒間×4の円移動を、18秒間×4に変更してください。

▼**では1分間×2〜3回「円移動」しましょう。**

▼**訓練し終えたら1回ずつうまくできたかどうか、結果を記録してください。**

〈⬇トレーニングシート＝91ページ〉

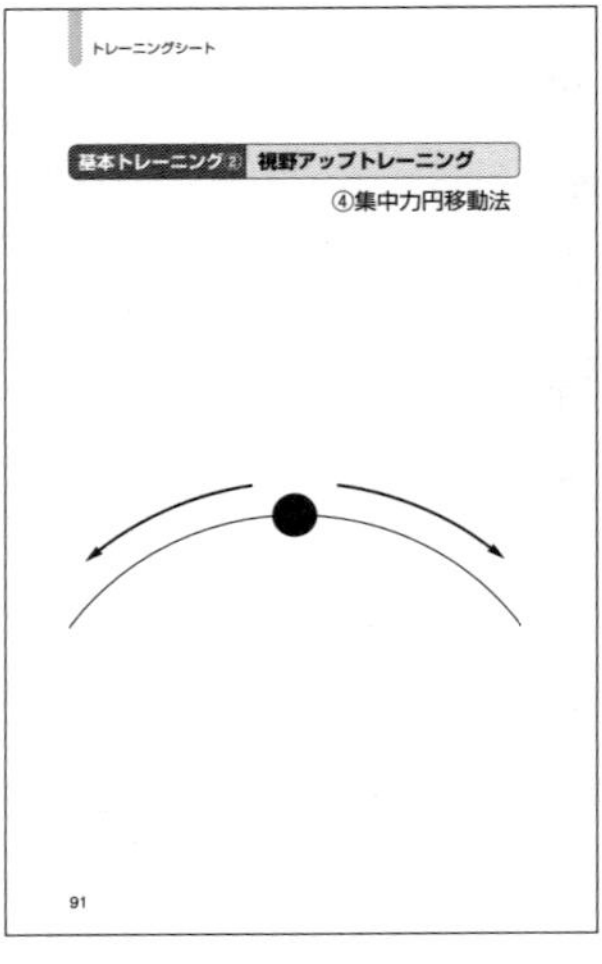
トレーニングシート

基本トレーニング② 視野アップトレーニング

④集中力円移動法

91

基本トレーニングのチェック表

●集中力トレーニング

丹田呼吸法〈2分〉	●背筋を伸ばした正しい姿勢をしていますか ●呼吸は6秒／12秒でスムーズにできましたか ●集中して行なうことができましたか	1回目　優・良・可 2回目　優・良・可 3回目　優・良・可
一点集中法〈1分〉	●瞬きをせずに行なうことができましたか ●焦点が定まっていますか ●丹田呼吸はスムーズにできていますか	1回目　優・良・可 2回目　優・良・可 3回目　優・良・可
集中力移動法〈2分〉	●丹田呼吸はスムーズにできていますか ●スムーズに視点移動ができましたか ●2分間で往復運動ができましたか	1回目　優・良・可 2回目　優・良・可 3回目　優・良・可

●視野アップトレーニング

左右移動法／上下移動法／対角線移動法〈各1分〉	●目は自然に一定のリズムで動いていますか ●黒点を正確に捉えていますか ●点から点へ、線を追わないでスピーディに視点移動ができていますか	1回目　優・良・可 2回目　優・良・可 3回目　優・良・可
円移動法〈1分〉	●一定速度で円の軌道上を移動できていますか ●目を閉じたときもスムーズに移動できていますか ●目を閉じたときもスムーズに円軌道をイメージできますか	1回目　優・良・可 2回目　優・良・可 3回目　優・良・可

COLUMN

集中力円移動法を応用して老眼の進行を食い止める

「視野アップトレーニング」を行なうと、訓練後、近眼の方の中で視力が向上したと感じる方が多いのです。これは実際の視力が改善したということもあるでしょうが、どちらかというと目の焦点を対象に合わせるのが速くなった、ということのほうが大きな理由と考えられます。眼力がついたといったほうがよいでしょう。

しかし、老眼は、目の焦点を合わせる目の筋肉が加齢にともなって老化するのが原因ですから、近眼・遠視とは理由が異なります。最近、講習会などで受講者が増えるにともない老眼年齢の方も増加し、なかには近眼のまま老眼になってしまったという声も聞きます。講師自身も含めて、誰にも訪れる老眼、対策法を考えてみました。老眼は、対象に焦点を合わせるための時間がどんどん長くなって、なかなか視点が合わないのが原因。

そこで、

○近点と遠点への素早い目の焦点の合わせ直しトレーニングを行ないます。

まず、ボールペンなどのキャップがついているものを用意します。

ペンのキャップを上に立てて持ち、腕をまっすぐ前方に伸ばします。

この時、立てたペンの延長線上に縦長の形状の対象物が必要です。

具体的には室内から室外の細長い建物などに向かい、手に持ったペンを伸ばします。

近点＝キャップと、遠点＝遠景のビルに、目の焦点の合わせ直し、2〜3分実行。

単に視点の移動だけではなく、素早くしっかりと焦点の合わせ直しを繰り返す。

この焦点の合う時間を短縮するのが、ポイント。

慣れてきたら、近点＝キャップを徐々に目に近づけてトレーニングします。

○一度、目をギュッと閉じてから円移動法＝眼筋のクールダウンを1分間実行。

○継続するのが最重要ポイント。

老眼は病気ではありませんから治すことが目的ではありません。

あくまでも防止と進行を食い止めるために、1日1回、3〜4分、続けてください。

この対策トレーニングは、講習会に参加した細かい作業をするお仕事の方たちから、効果があったとの報告をいただいています。

第3日

「スーパー速読」の中心的トレーニング開始！

所要時間 45分

今日も、まず「集中力トレーニング」を反復することから始めます。「丹田呼吸法」2分、「一点集中法」1分、「集中力移動法」2分を各2~3回行なって、70ページのチェック表に記入してください。

今日からは「目の強化トレーニング」も始まりますが、あまり丹田呼吸を意識せず、おなかで息を整えるくらいの気持ちで、リラックスして臨んだほうがよいでしょう。

目の強化トレーニング

「スーパー速読」のトレーニングで、最も重要なのが、この「目の強化トレーニング」

です。

①記号式トレーニング
②文字・数字式トレーニング

の2種類あり、速読ならではの、いわゆる「視る」読み方を訓練します。

普通の読み方と速読の大きく異なる点は、なんと言っても1字ずつ読むのか、文字のブロックとして文章を捉えるのかということですが、このブロックとして捉える訓練が、この2種類のトレーニングなのです。

ここでも重要なポイントは、目を流していくための速度を上げるのではない、ということです。記号式トレーニングなら、［○○○○○］の5個の○記号のブロック全体にできるかぎり速やかに視点を止め、次のブロック、そのまた次のブロックへと、視点を移動させつづける速度を上げることが大切です。

トレーニング結果は80ページのチェック表に必ず記入しましょう。

基本トレーニングのチェック表

●集中力トレーニング

丹田呼吸法〈2分〉	●背筋を伸ばした正しい姿勢をしていますか ●呼吸は6秒／12秒でスムーズにできましたか ●集中して行なうことができましたか	1回目　優・良・可 2回目　優・良・可 3回目　優・良・可
一点集中法〈1分〉	●瞬きをせずに行なうことができましたか ●焦点が定まっていますか ●丹田呼吸はスムーズにできていますか	1回目　優・良・可 2回目　優・良・可 3回目　優・良・可
集中力移動法〈2分〉	●丹田呼吸はスムーズにできていますか ●スムーズに視点移動ができましたか ●2分間で往復運動ができましたか	1回目　優・良・可 2回目　優・良・可 3回目　優・良・可

●視野アップトレーニング

左右移動法／上下移動法／対角線移動法〈各1分〉	●目は自然に一定のリズムで動いていますか ●黒点を正確に捉えていますか ●点から点へ、線を追わないでスピーディに視点移動ができていますか	1回目　優・良・可 2回目　優・良・可 3回目　優・良・可
円移動法〈1分〉	●一定速度で円の軌道上を移動できていますか ●目を閉じたときもスムーズに移動できていますか ●目を閉じたときもスムーズに円軌道をイメージできますか	1回目　優・良・可 2回目　優・良・可 3回目　優・良・可

目の強化トレーニング① 記号式トレーニング

活字の1字1字の意味を追いながら読んでいた読書法を、一瞬のうちに映像化し、理解する読書法（目読）に改変するトレーニングです。

ここでは、焦点が定めやすく、見えやすくて心理的、視覚的にまったく負担のない記号（○）を用いています。「記号式トレーニング」を続けることにより脳がリラックス状態になって、「目読」に変わっていきます。

トレーニング方法

92ページの「記号式トレーニング」も開いて、確認しながら読んでください。

- ページの中央と鼻筋を一致させます。
- ブロックからブロックへ（タテ方向に）視点を移動させていきますが、このとき記号のマルをブロック全体としてハッキリ捉えることがポイントです。

●トレーニング中、ブロックからブロックに速やかに視点移動を行ないます。
●最初は狭い範囲しか視野に入らないものですが、○の記号5個＝1ブロック単位でできるだけ速く見ていきます。このトレーニングは、スピード重視がポイントです。
●記号5個が1ブロックとしてきちんと見えているのかと不安になることもありますが、視点移動のスピードが上がってくると自然に納得できて問題は解決するはずです。
●トレーニングを繰り返していくうちに確実に視野が広がります。個人差がありますから多少の上達の差はありますが、ブロックで記号がハッキリと見えてくるようになります。自分自身で『視る』『もっと見える』と、暗示をかけることも上達の秘訣です。
●1ページのブロックを見終えた瞬間に、ページを速くめくることが必要です。

▼それでは1分間×2～3回、「記号式トレーニング」をしてください。

▼訓練し終えたら、どれくらい見切ることができたか、結果を記録してください。記録はおおまかなページ数でかまいません。

〈⬇トレーニングシート＝92ページ〜〉

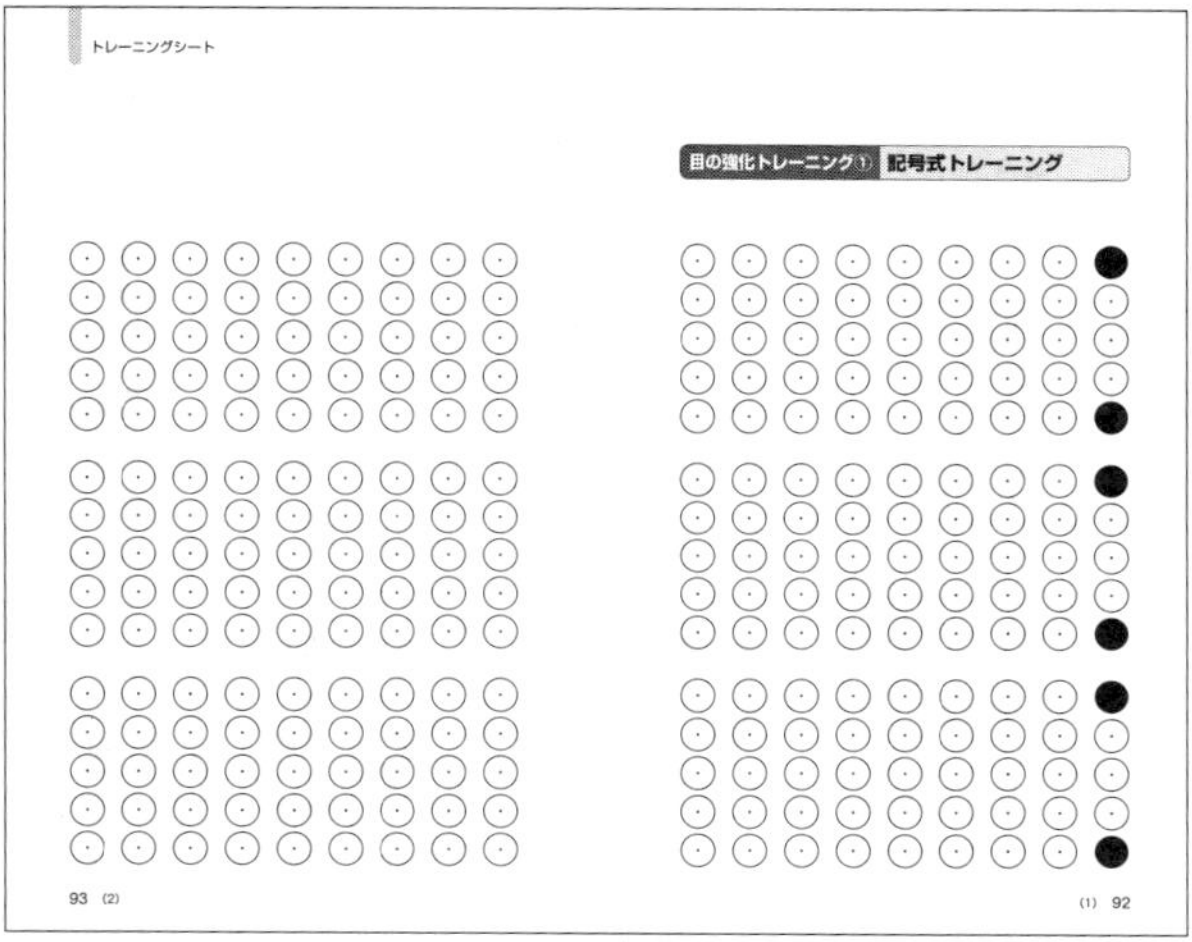

目の強化トレーニング②

文字・数字式トレーニング

「文字・数字式トレーニング」は、まず多くの活字に目を慣らし、速く見て、知覚できるようになるためのものです。ひらがな、カタカナ、漢字、アラビア数字などを利用して、活字の感覚に慣れることが大切です。

一目で、文字や数字が目に入ってくるまで、根気強く、トレーニングしましょう。

記号式トレーニングをベースに、この文字・数字式トレーニングを組み合わせてトレーニングを重ねると、本を読む速度が、驚くほど、スピードアップします。

トレーニング方法

108ページの「文字・数字式トレーニング」も開いて、確認しながら読んでください。

●ページの中央と鼻筋を一致させて見ます。

●トレーニングは1分間単位で行ない、何ページ進んだかを記録します。
●できるだけ速く正確に見るようにします。このトレーニングも、重視するポイントはスピードです。
●ここでも記号式トレーニングと同じようにブロックで文字、数字を捉えられるように心がけます。そして次第に、ブロックの大きさを拡大していきます。
●ブロックからブロックへ、縦方向に速やかに視点移動を行ないます。
●一文字ずつ読んだり、記憶しようとしないで、ブロックを映像化して捉えて、ただ文字や数字の配列をそのままにすばや

トレーニングシート

目の強化トレーニング② 文字・数字式トレーニング

4 M み 0 ヲ 合 6 U す
4 M み 0 ヲ 合 6 U す
4 M み 0 ヲ 合 6 U す
4 M み 0 ヲ 合 6 U す
4 M み 0 ヲ 合 6 U す

4 M み 0 ヲ 合 6 U す
4 M み 0 ヲ 合 6 U す
4 M み 0 ヲ 合 6 U す
4 M み 0 ヲ 合 6 U す
4 M み 0 ヲ 合 6 U す

4 M み 0 ヲ 合 6 U す
4 M み 0 ヲ 合 6 U す
4 M み 0 ヲ 合 6 U す
4 M み 0 ヲ 合 6 U す
4 M み 0 ヲ 合 6 U す

(1) 108

m シ 下 8 Z あ d コ 王
m シ 下 8 Z あ d コ 王
m シ 下 8 Z あ d コ 王
m シ 下 8 Z あ d コ 王
m シ 下 8 Z あ d コ 王

m シ 下 8 Z あ d コ 王
m シ 下 8 Z あ d コ 王
m シ 下 8 Z あ d コ 王
m シ 下 8 Z あ d コ 王
m シ 下 8 Z あ d コ 王

m シ 下 8 Z あ d コ 王
m シ 下 8 Z あ d コ 王
m シ 下 8 Z あ d コ 王
m シ 下 8 Z あ d コ 王
m シ 下 8 Z あ d コ 王

109 (2)

く見ていきます。

●個人差はありますが、集中してトレーニングすれば誰でもできるようになります。そして次第にブロックが確実に目に入ってくるようになります。そうなればもう大丈夫。

▼それでは1分間×2〜3回、「文字・数字式トレーニング」をします。

▼訓練が終わったら、1回ずつうまくできたかどうか、結果を記録してください。記録はおおまかなページ数でかまいません。

〈⬇トレーニングシート＝108ページ〜〉

目の強化トレーニングで視野＝視幅はこう広がる

速読は、1行の文章を上から下へと目を流すスピードを上げるということで達成されるのではありません。

文字のブロックとして文章を捉えるのが速読ですから、そのためのポイントは、以下の3つになります。

①文章ブロックにいかに速く視点を止めるか
②視野＝視幅の中の文字数をいかに増やすか
③次のブロックへといかに速く移動するか

これが速読トレーニングの本質です。

ここまで説明してきたさまざまなトレーニングは、すべて①〜③を訓練するためのものです。

①の「視点を速く止める」は焦点も短時間で合わせることがポイントです。③「速く移動する」とともに「視野アップトレーニング」で訓練するのです。

②で、一度に見ることのできるブロックが大きくなれば、当然、次のブロックまでの移動もすばやくできます。そのための訓練が、今日説明した2種類の「目の強化トレーニング」（記号式／文字・数字式トレーニング）です。

左の図は、視幅拡大の過程を示したものです。

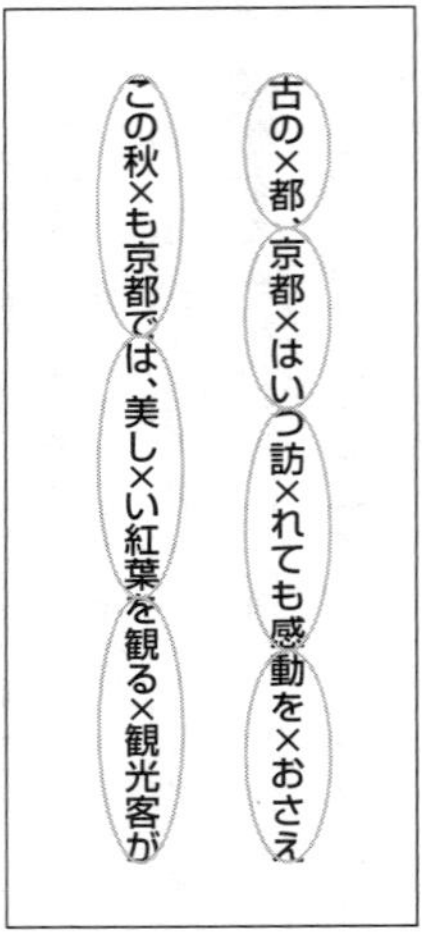
古の×都、京都×はいつ訪×れても感動を×おさえ
この秋×も京都では、美し×い紅葉を観る×観光客が

×は、ブロックの中心を示します。中心の1点に視点をおくのではなくブロック全体に視点を止めましょう。

実は、本書の第一目標である1500字／1分間（3倍）は、右で示したタテ1行を4分割する視野移動で十分可能です。3分割ができれば、2000字／1分間以上の速読も、さらに2分割の視野では6000字／1分間さえも不可能ではありません。

記号式、文字・数字式トレーニングでは、1行を3ブロックに分割してあります。
これは一般的な縦書きの単行本で、1行40文字くらいのものを想定してあります。

目標は1分間で10ページ。必ず記録する習慣をつけましょう

「目の強化トレーニング」の2つのトレーニング（記号式と文字・数字式）の目標は、どちらも1分間に10～12ページです。

第4日以降も、このトレーニングを繰り返します。今日、いきなりはムリでも、あと5日間のトレーニングを進めていくうちに、目標の「1分間10～12ページ」を見きり、めくりきれるように頑張りましょう。

このトレーニングは、そのまま次の本読みトレーニングにリンクしています。12ページ以上を見きることができれば、本読みスピードとしては、2000文字／1分間を超えられます。

記号は意味のある文字ではありませんから、気楽に行ないましょう。視野を広げ、速く見る能力を高めることで、活字をスピーディにキャッチできるようになります。

また、トレーニングを続けることで、これまで文字を追っていた習慣を「目読」に変え、文字や対象を見極める目の能力を強化します。

目の強化トレーニングのチェック表

〈記号式／文字・数字式〉トレーニングシートを1分間にめくったページ数を記入します。

●記号式トレーニング

	1分間のページ数	備　考
1回目		
2回目		
3回目		

●文字・数字式トレーニング

	1分間のページ数	備　考
1回目		
2回目		
3回目		

スーパー速読トレーニングシート

それぞれのシートは、第1日～第3日の解説を参照して、使い方を確認してください。

【使用時の注意】

トレーニングするときは、本書をしっかり開いて、ページを開いたままにできるくらいに折りぐせをつけてからお使いください。ページが湾曲していると、うまくトレーニングできないのでご注意ください。

基本トレーニング① 集中力トレーニング

①丹田呼吸法

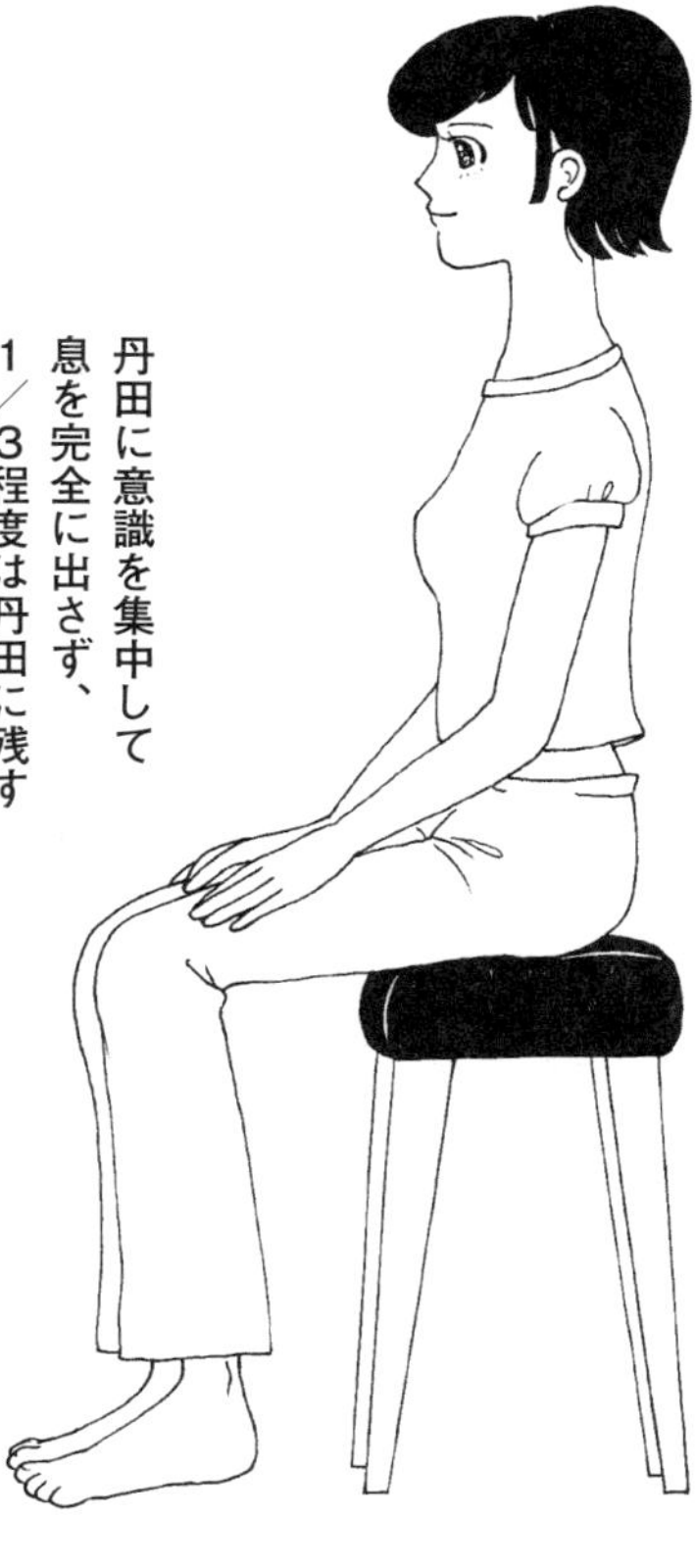
鼻から呼吸。
6秒で吸い、
12秒で吐き出す
1／3程度は丹田に残す

基本トレーニング① 集中力トレーニング

②一点集中法

基本トレーニング① 集中力トレーニング

③集中力移動法

基本トレーニング② 視野アップトレーニング

①集中力左右移動法

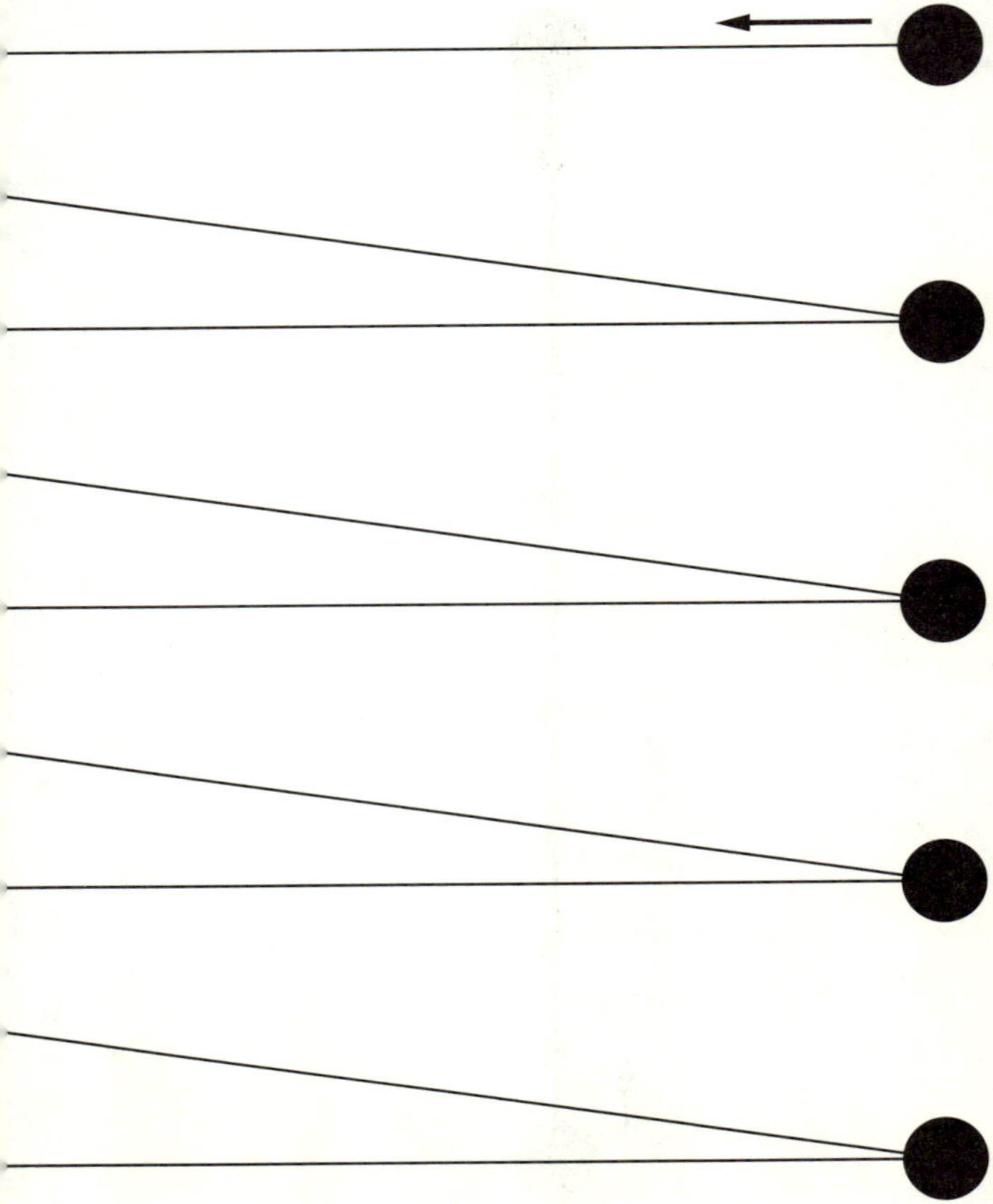

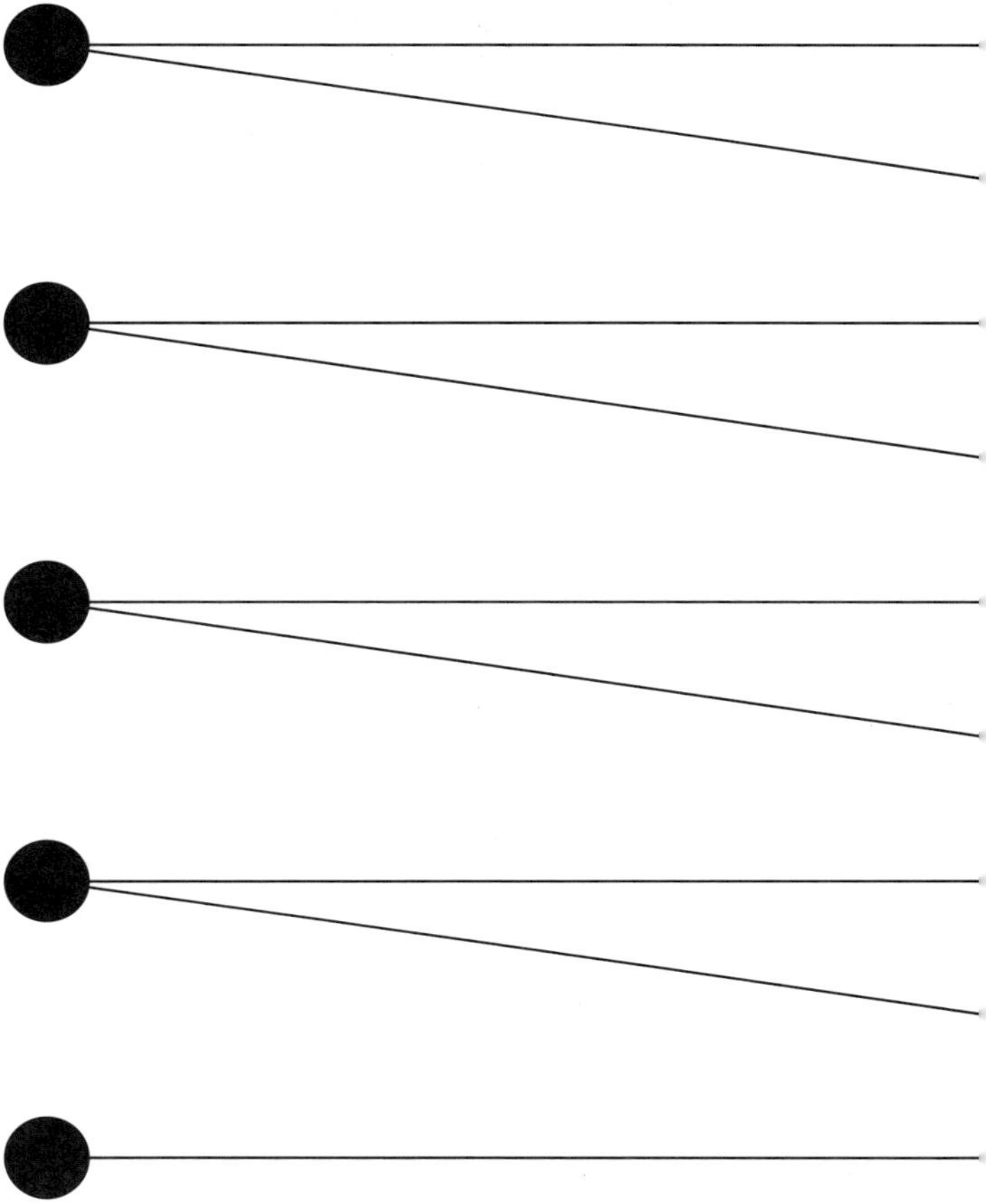

基本トレーニング② 視野アップトレーニング

②集中力上下移動法

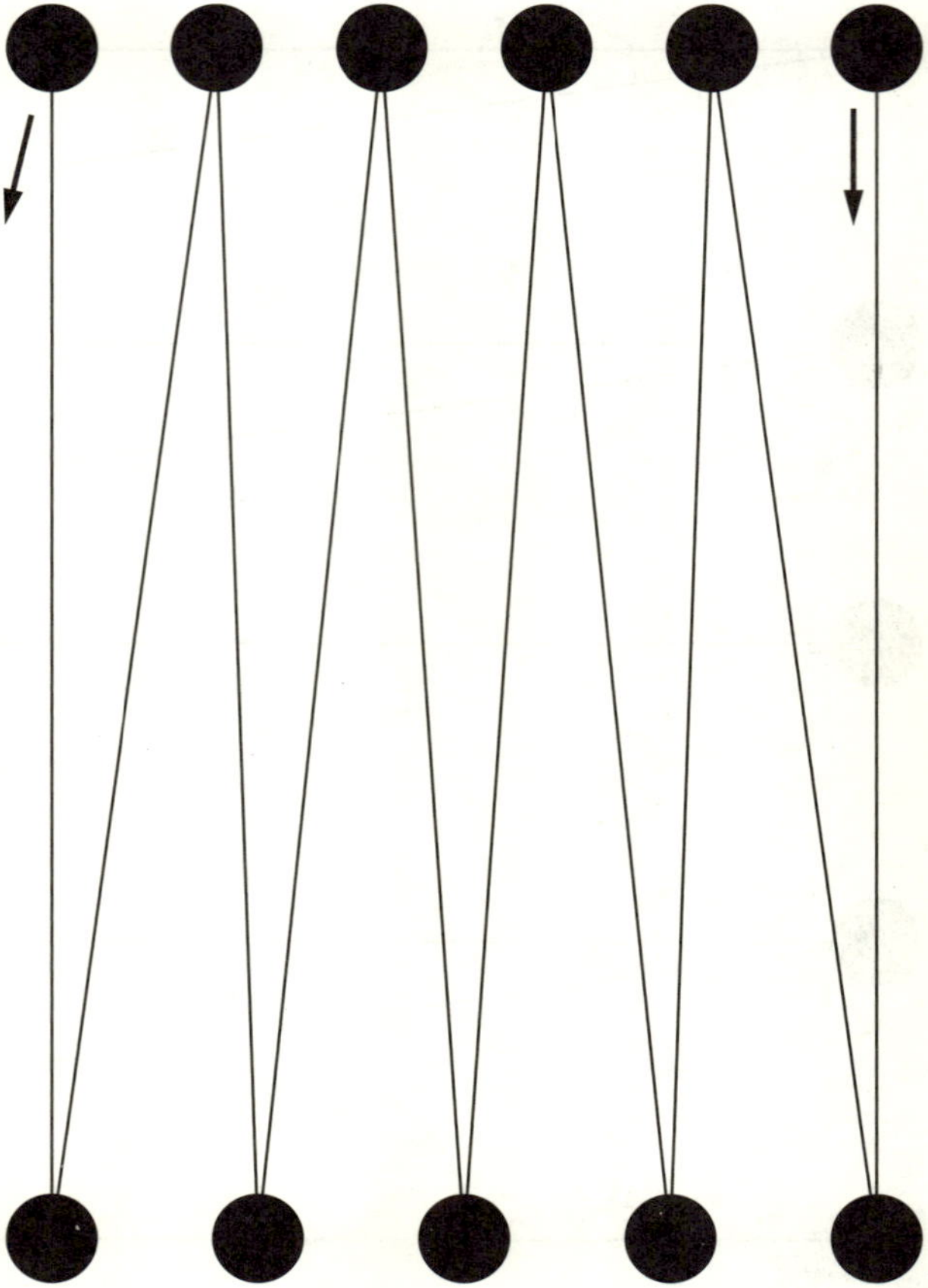

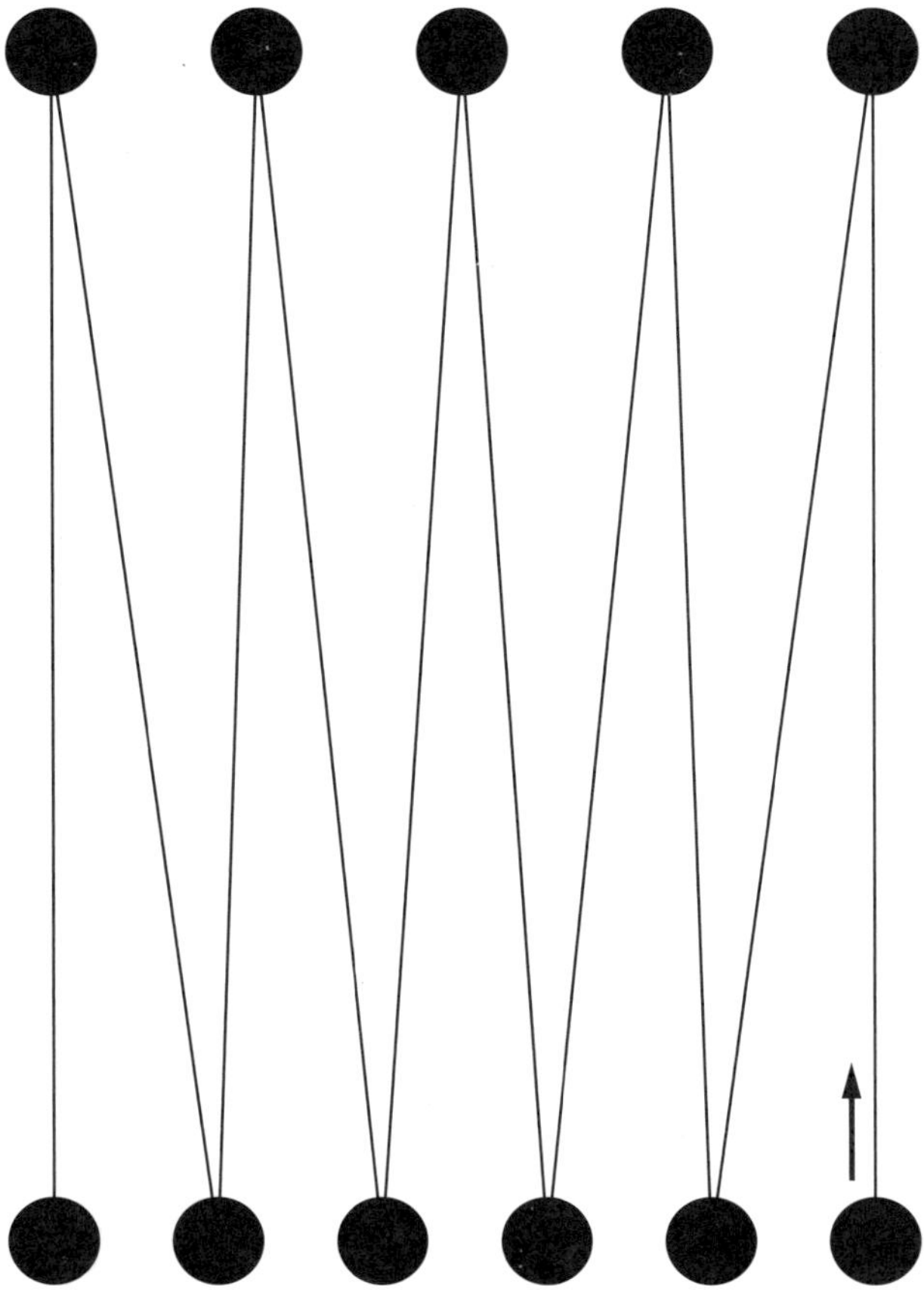

基本トレーニング②　視野アップトレーニング

③集中力対角線移動法

基本トレーニング② 視野アップトレーニング

④集中力円移動法

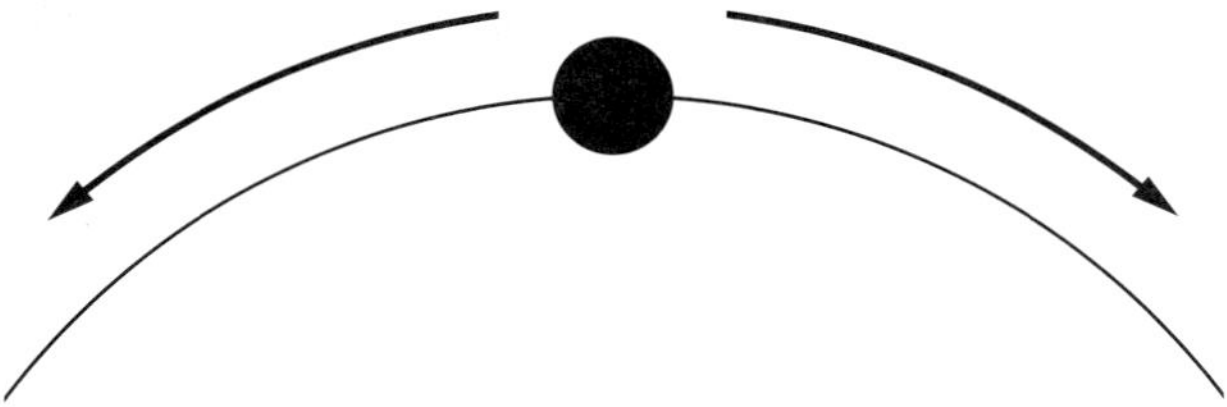

目の強化トレーニング① 記号式トレーニング

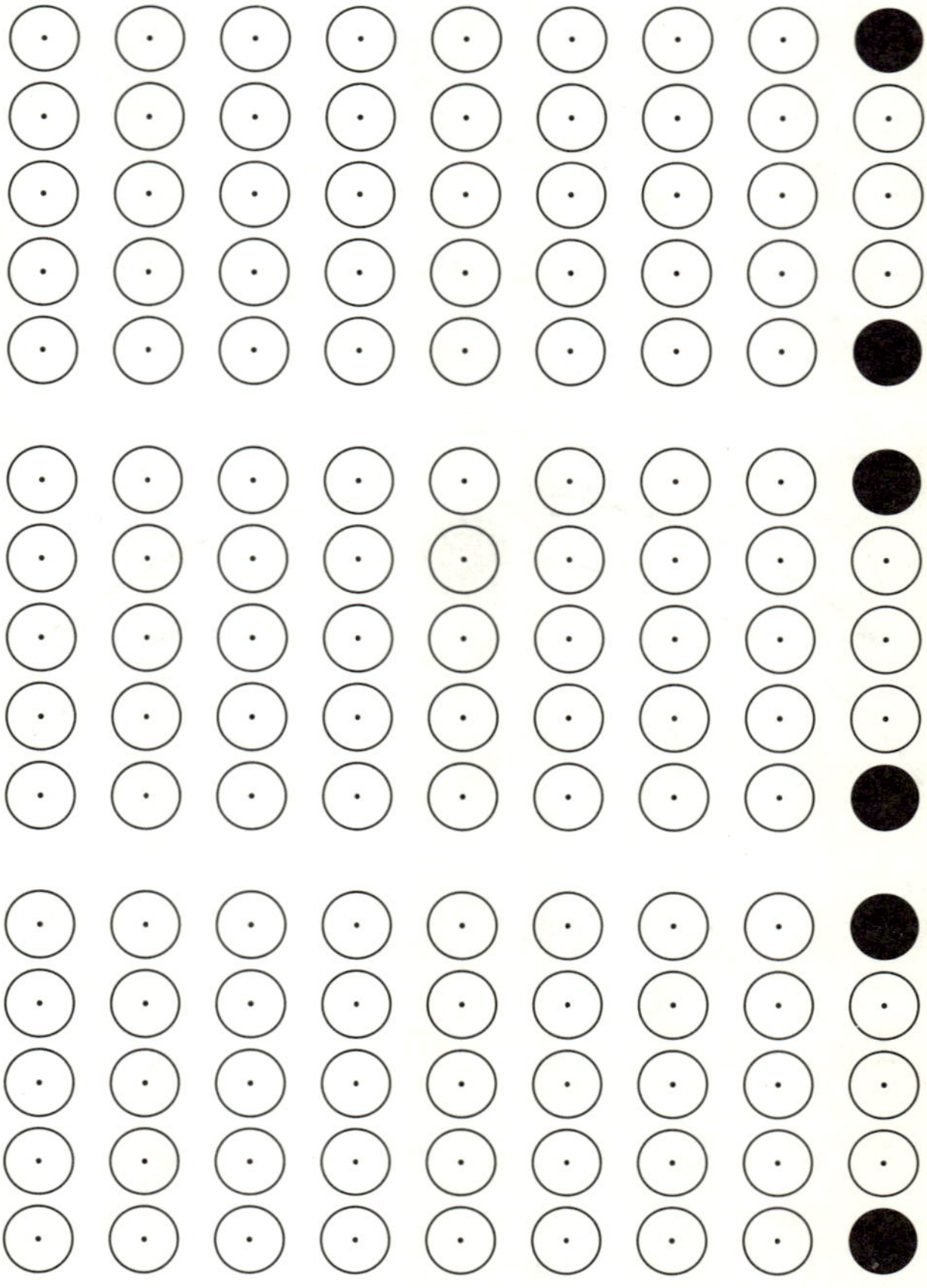

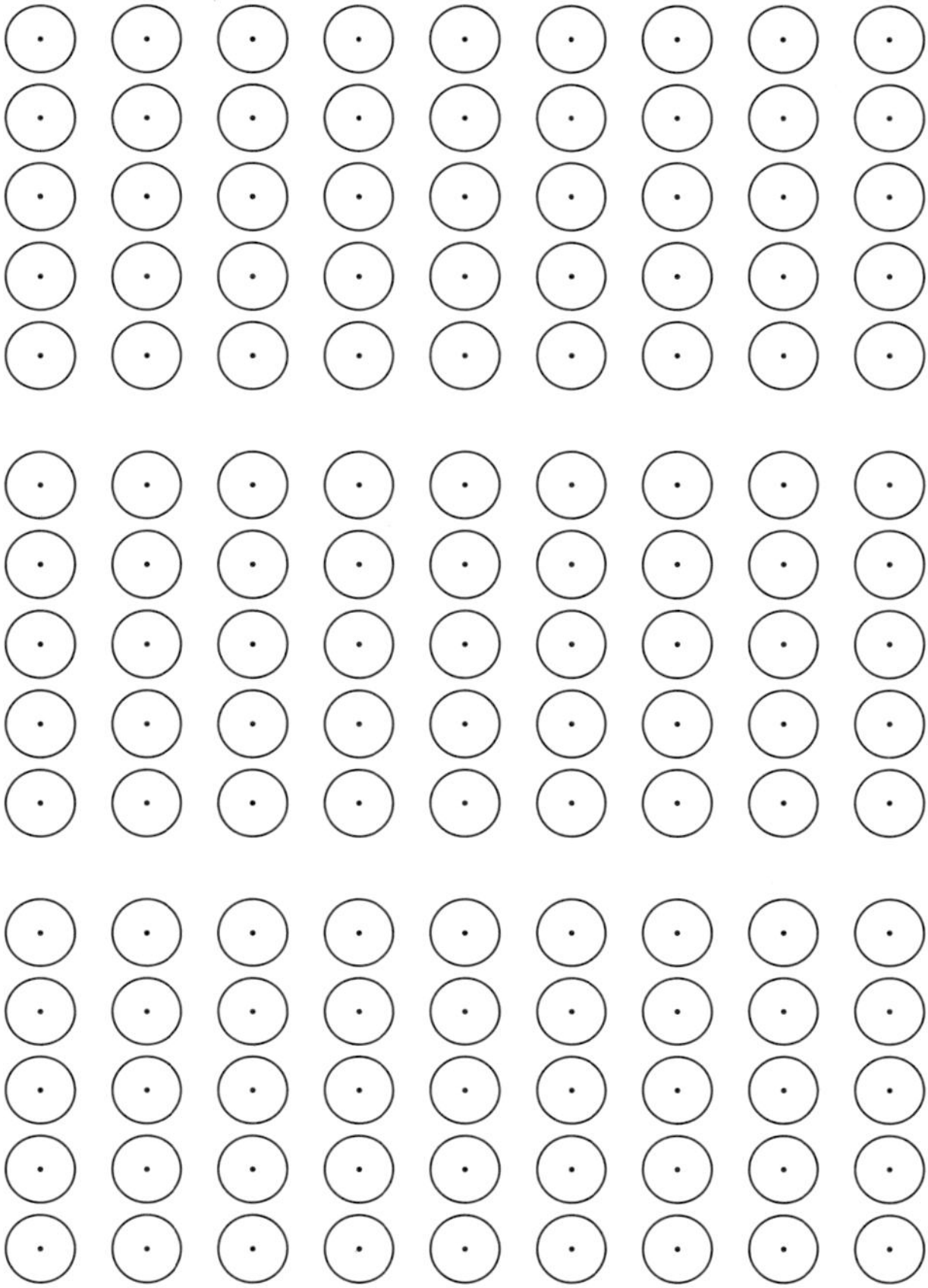

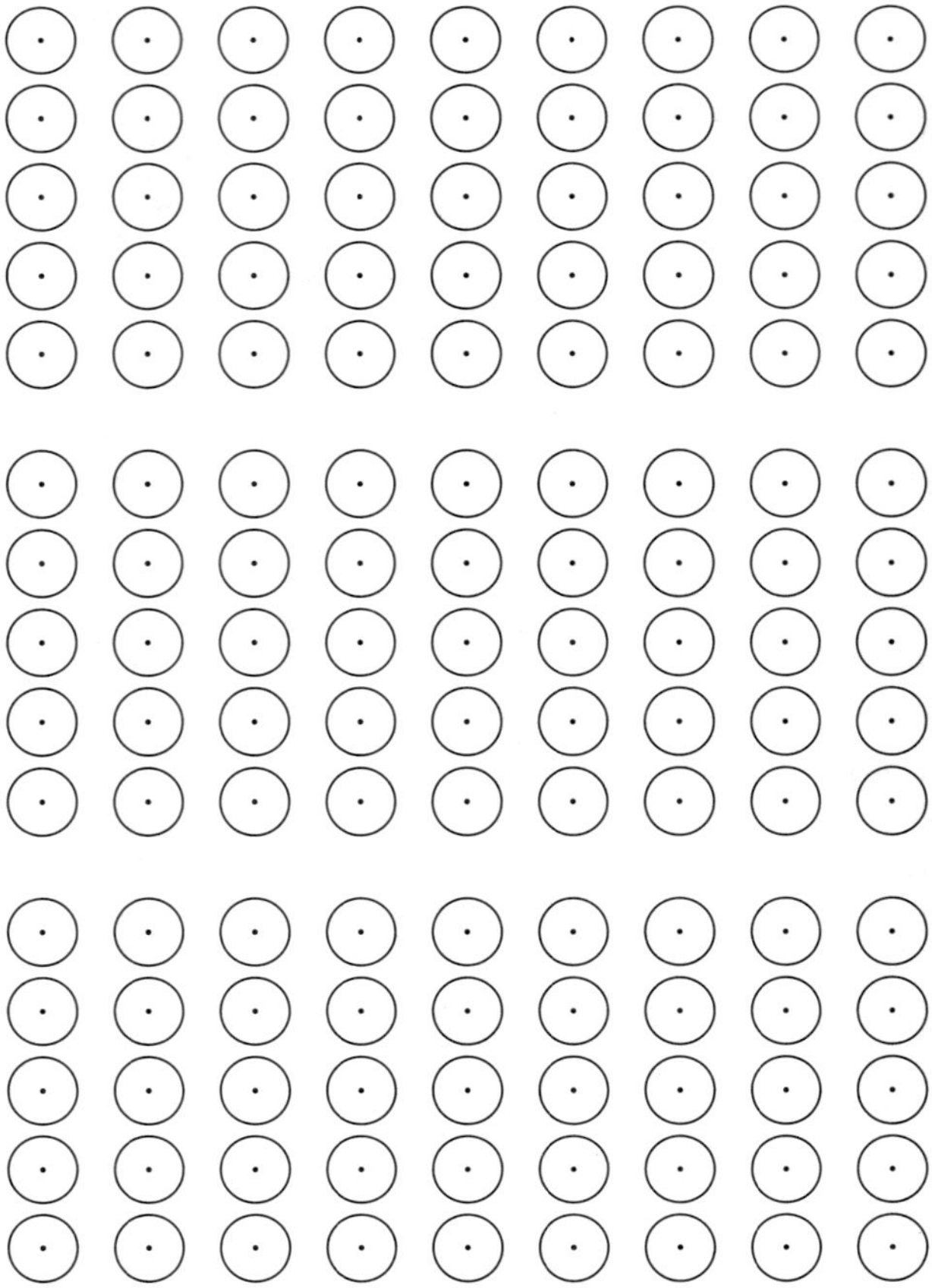

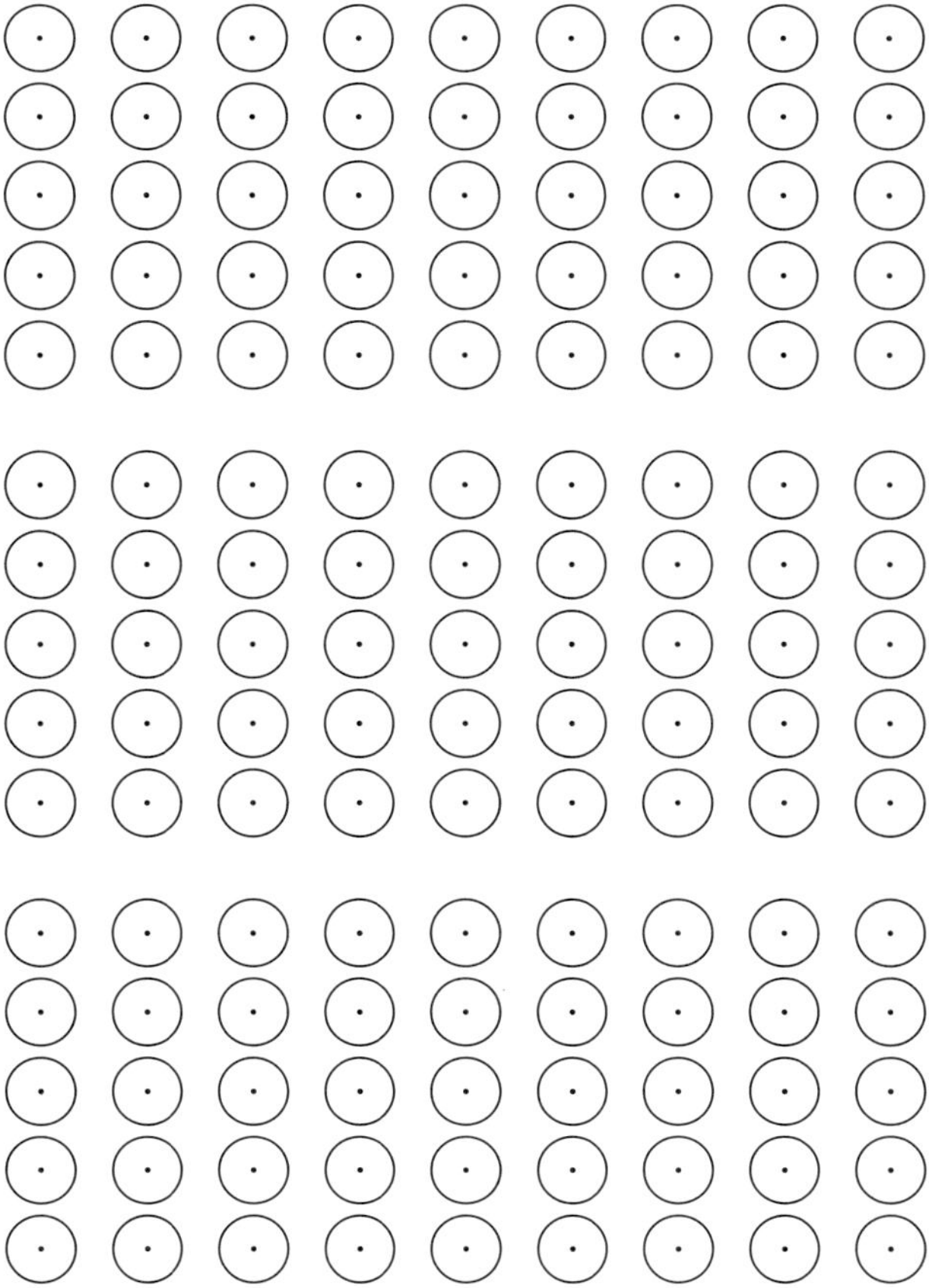

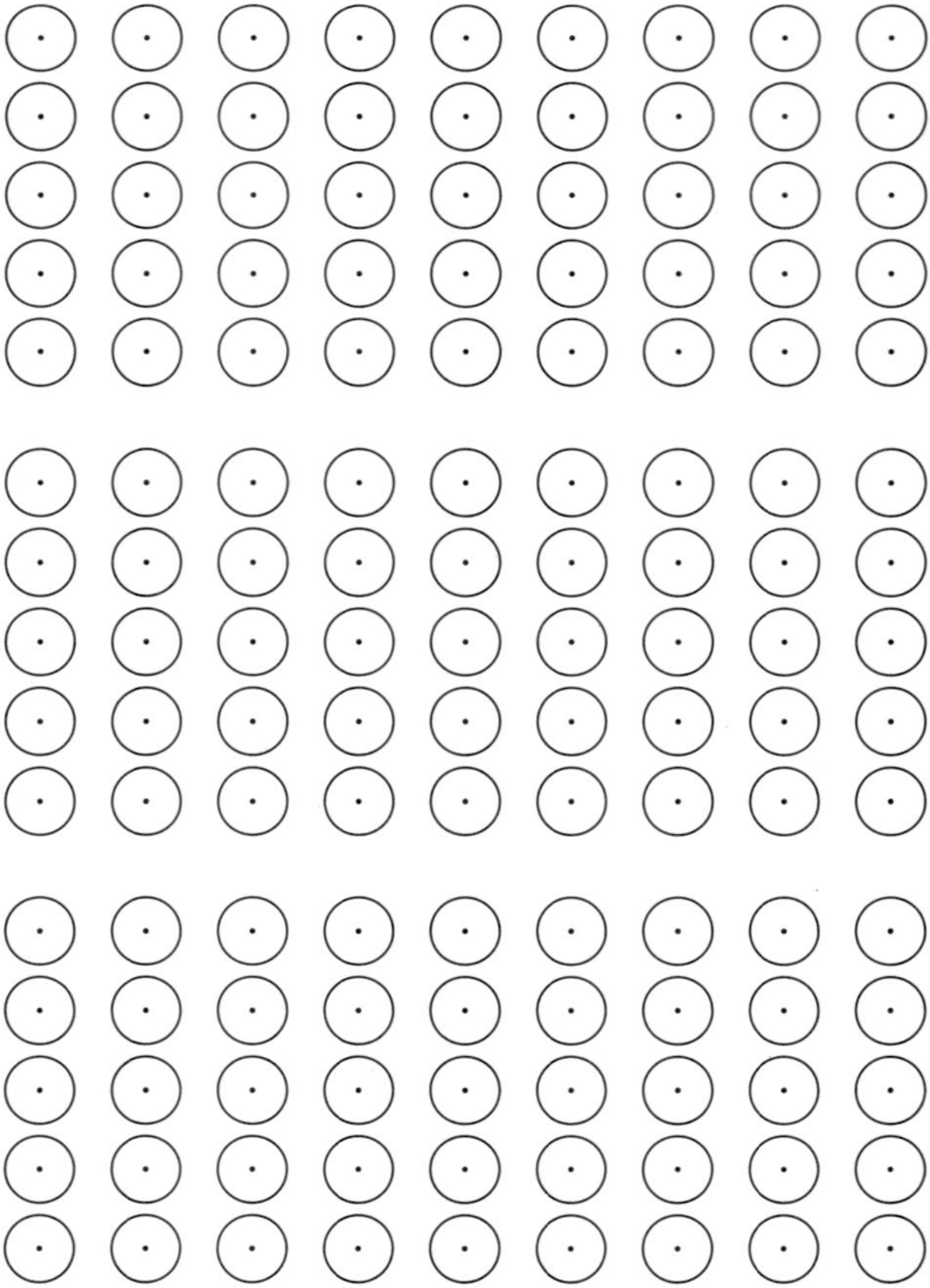

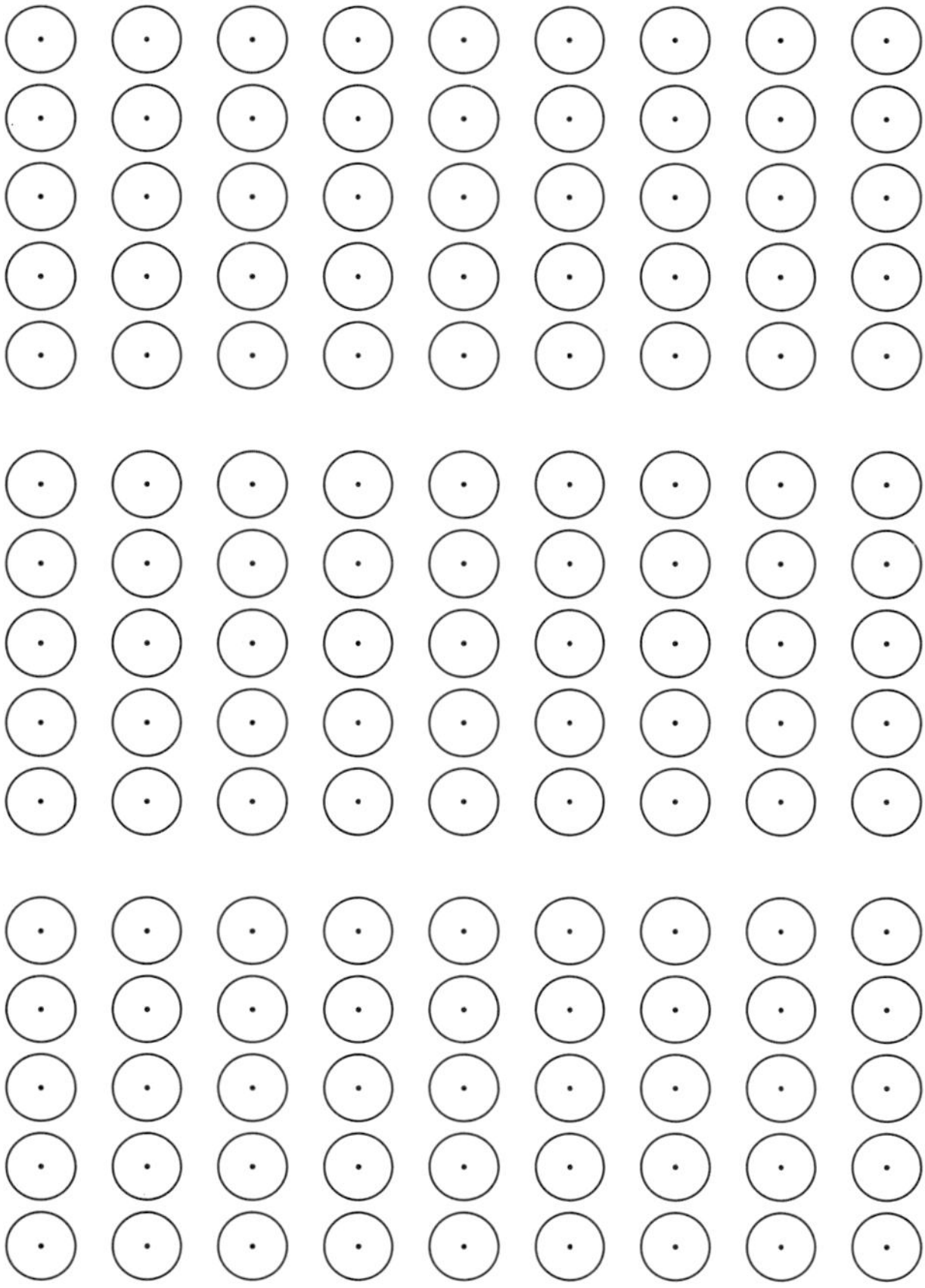

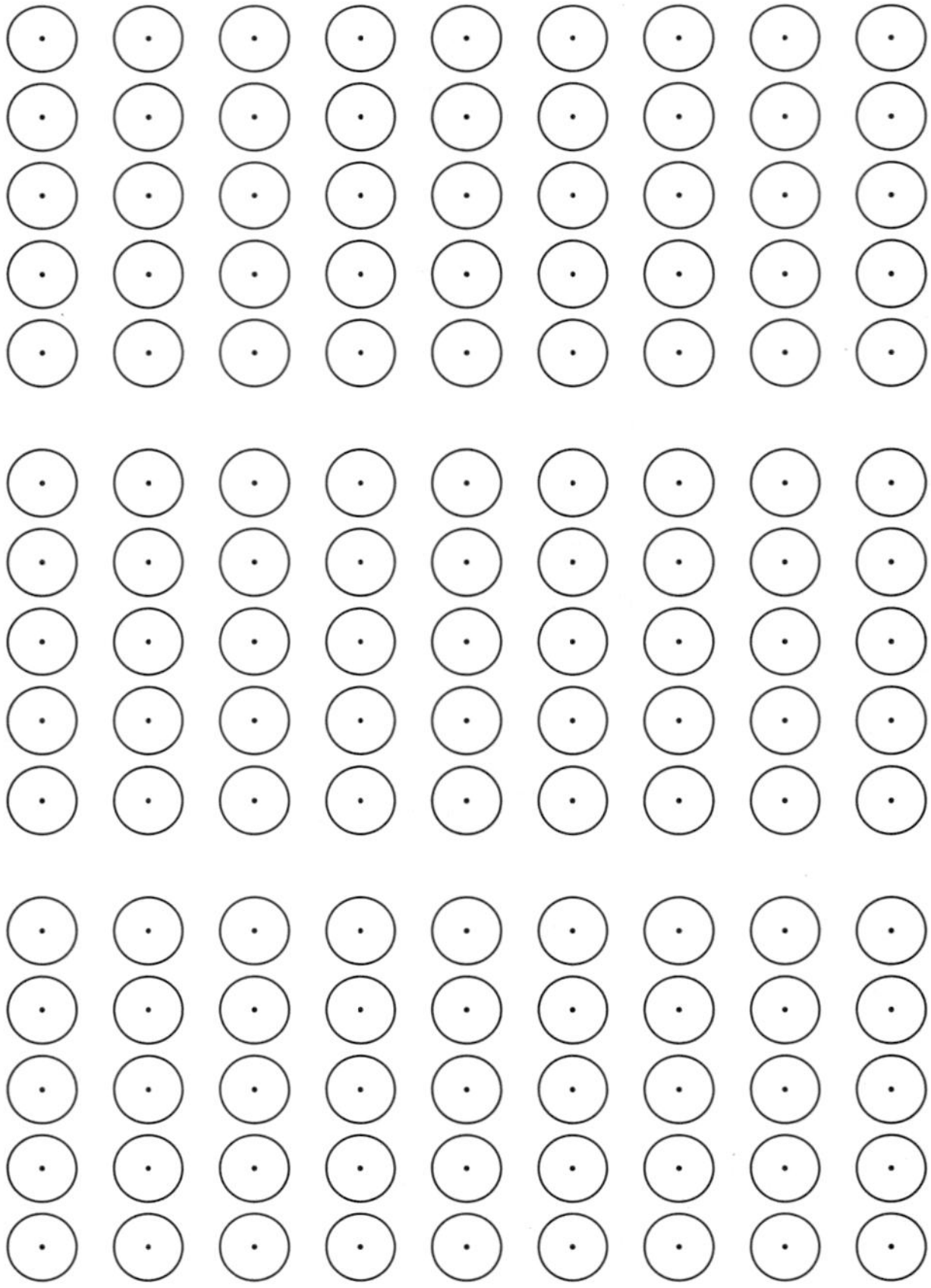

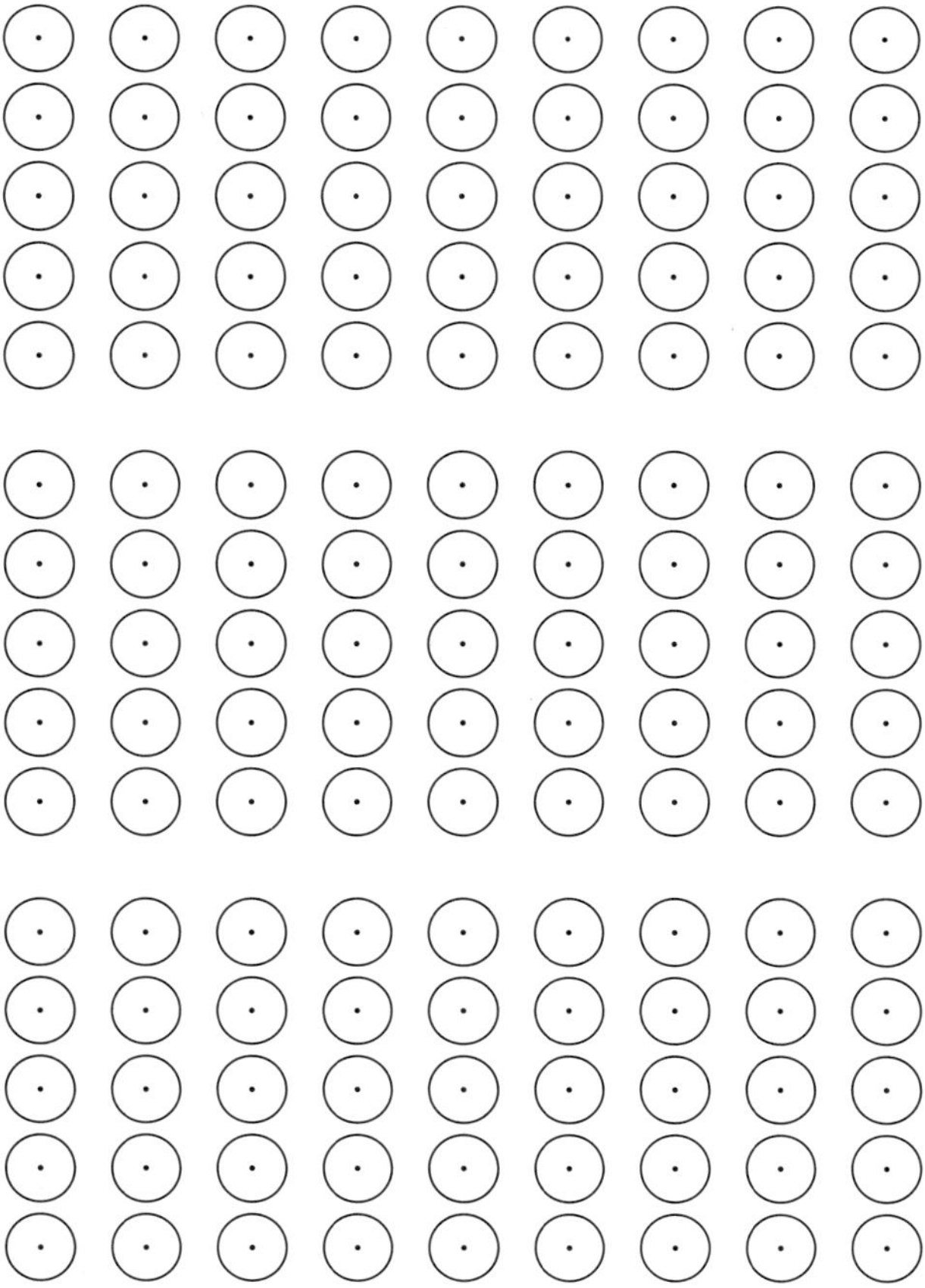

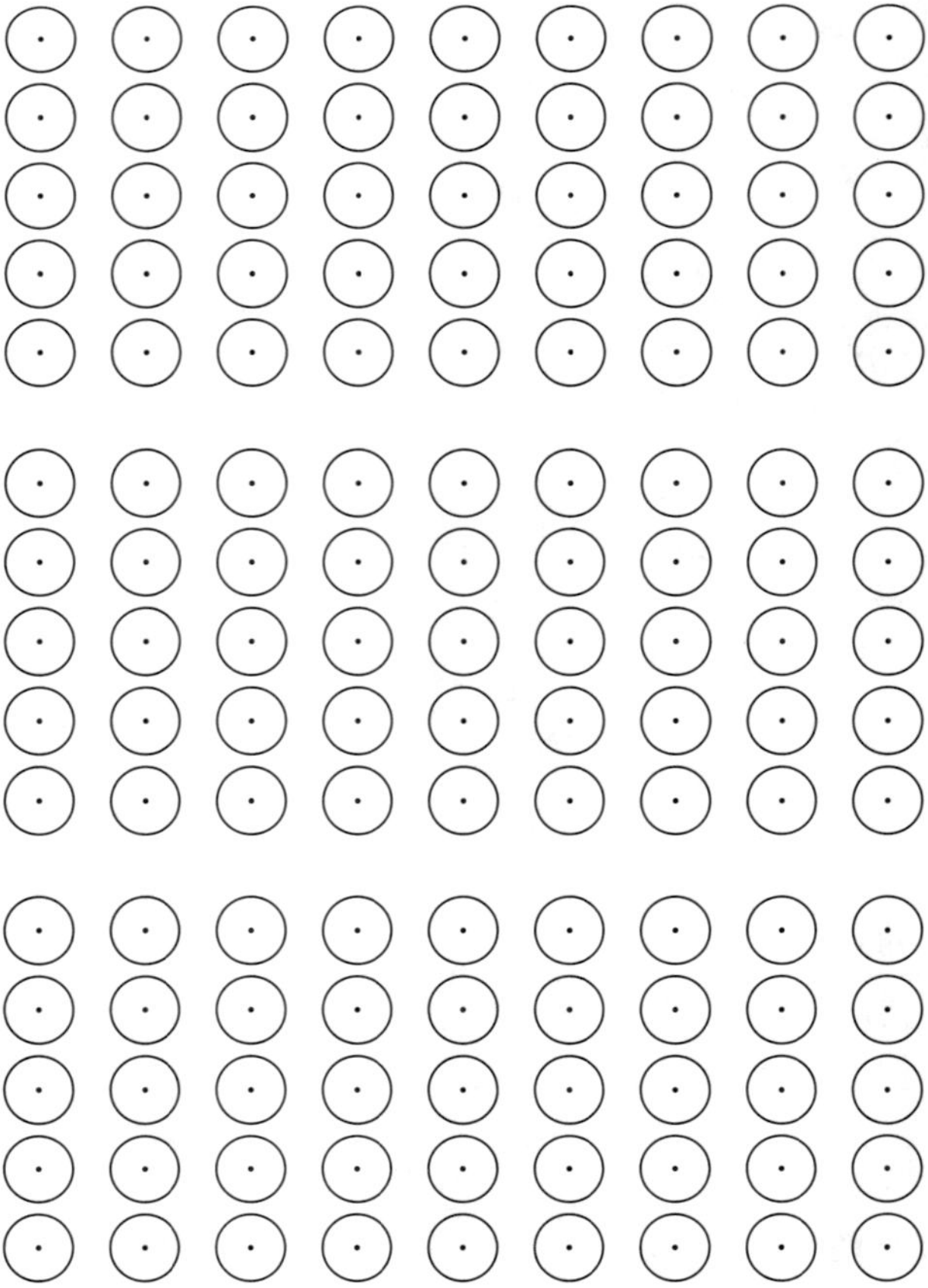

(9) 100

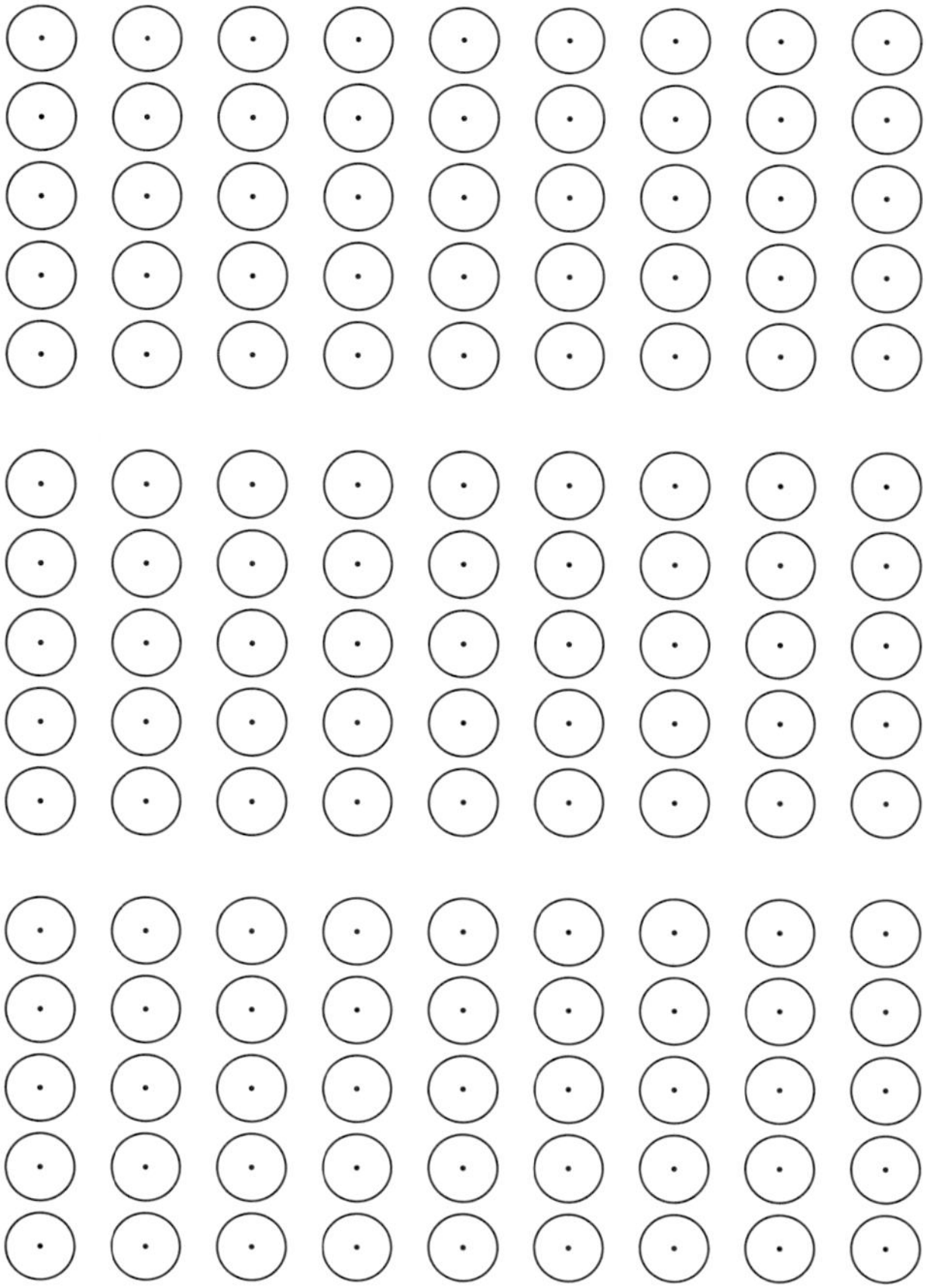

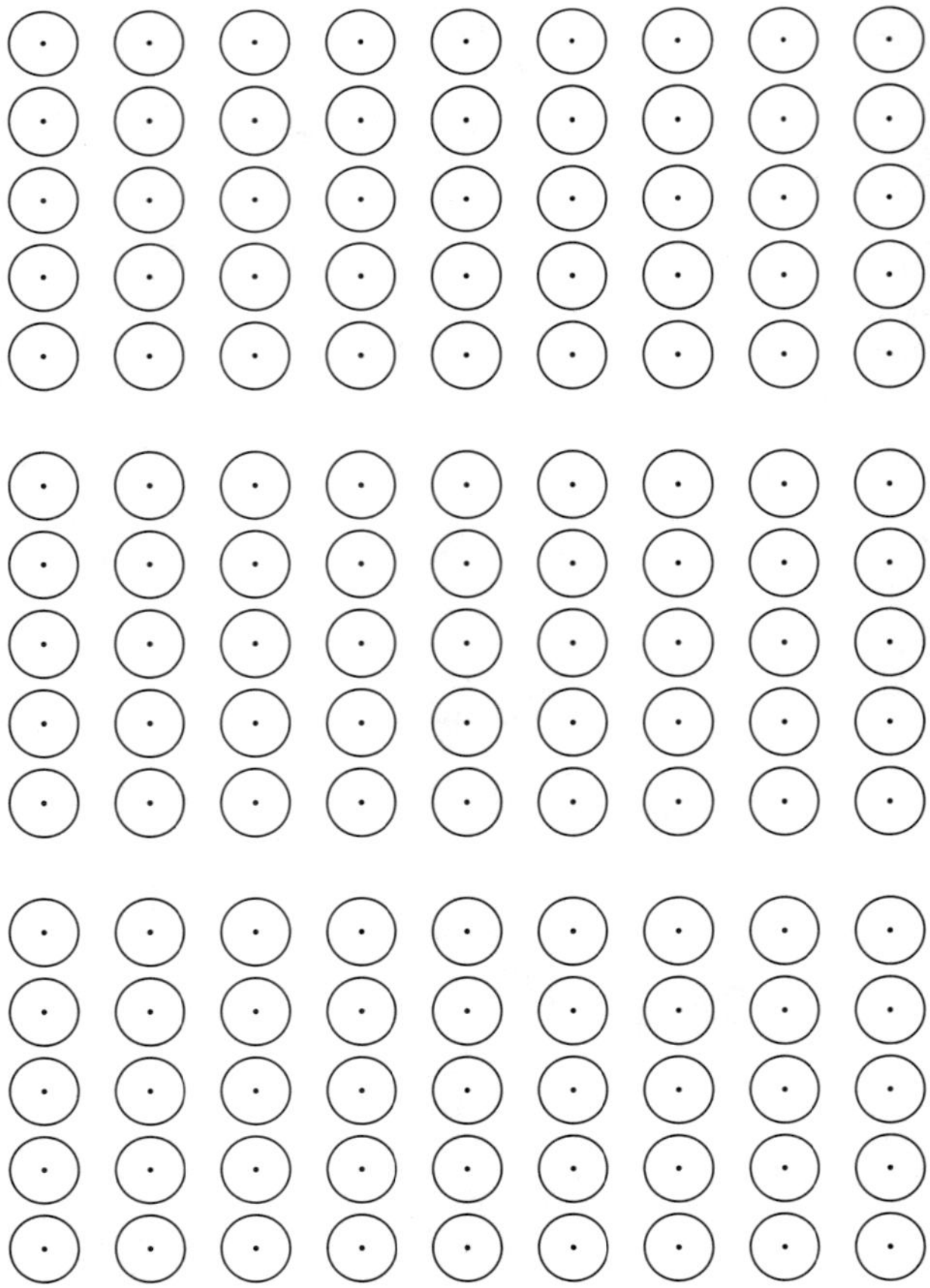

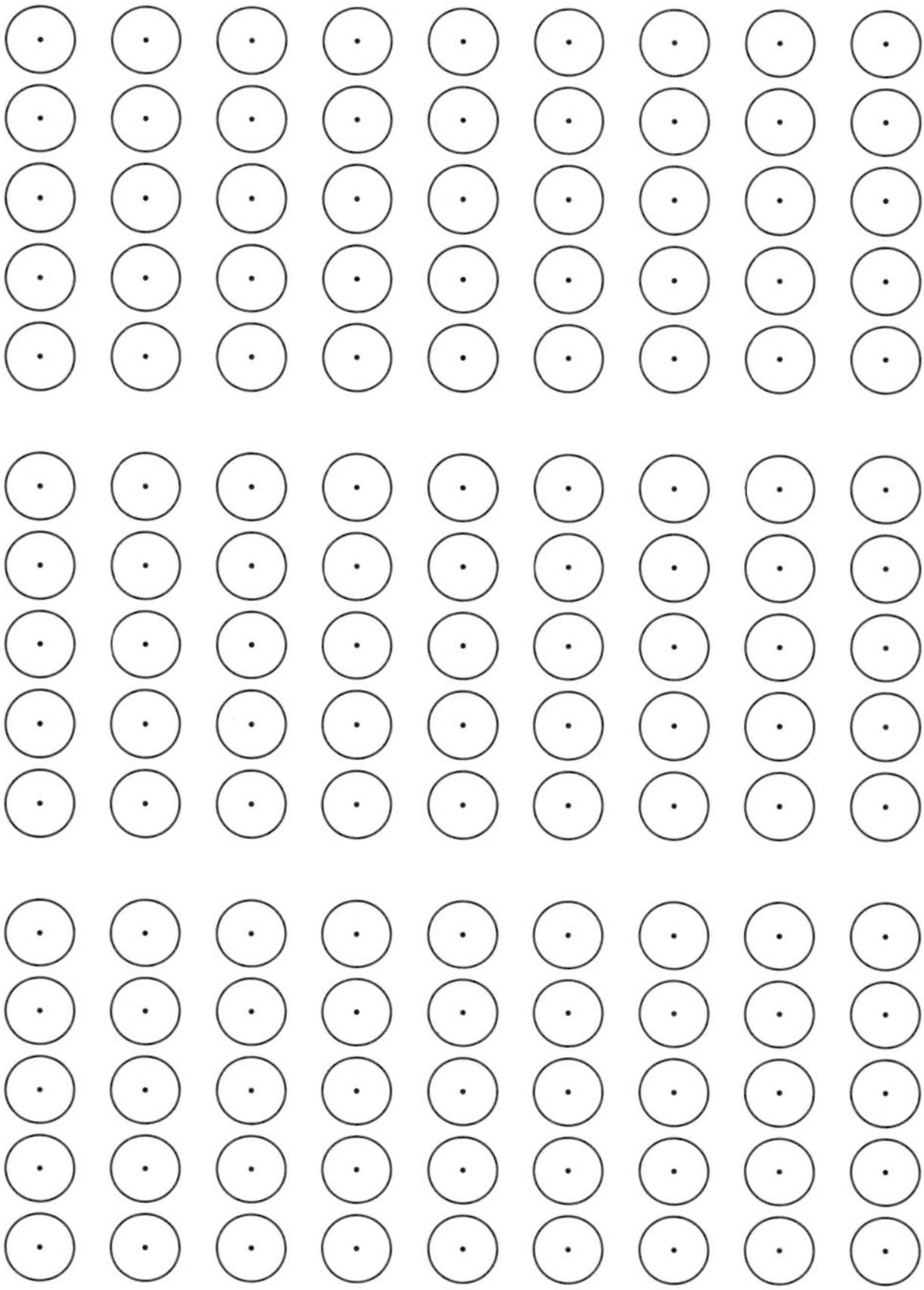

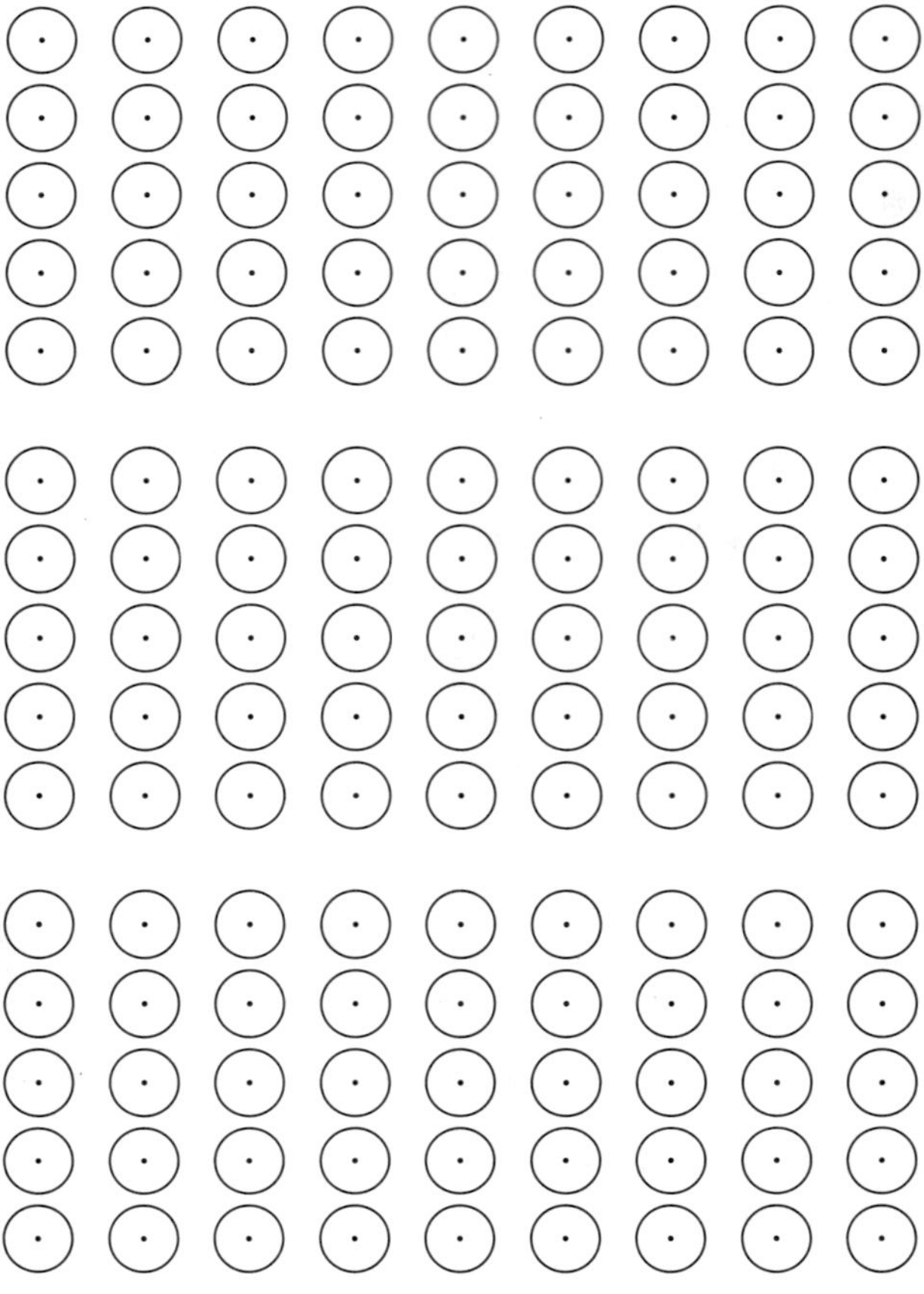

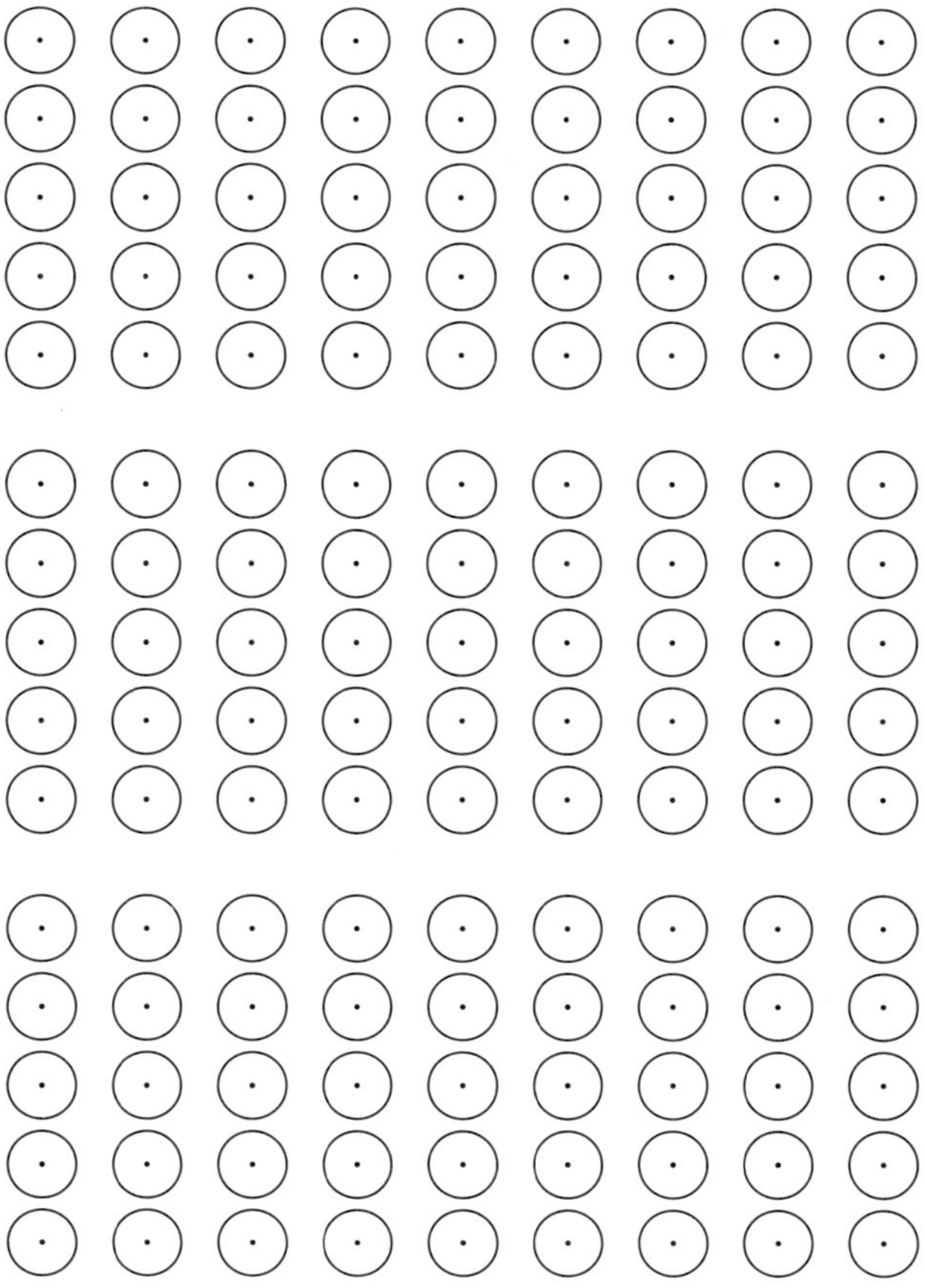

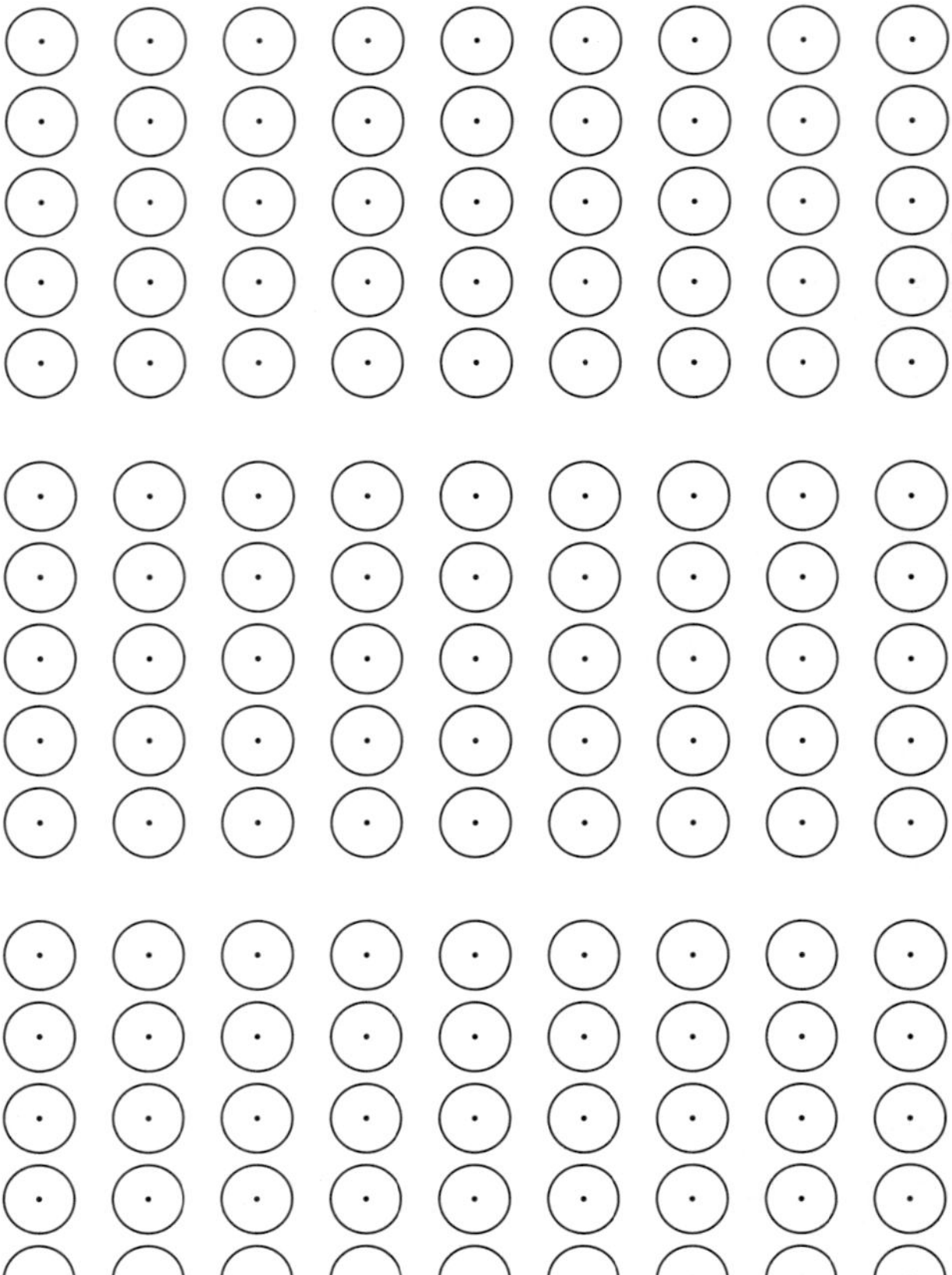

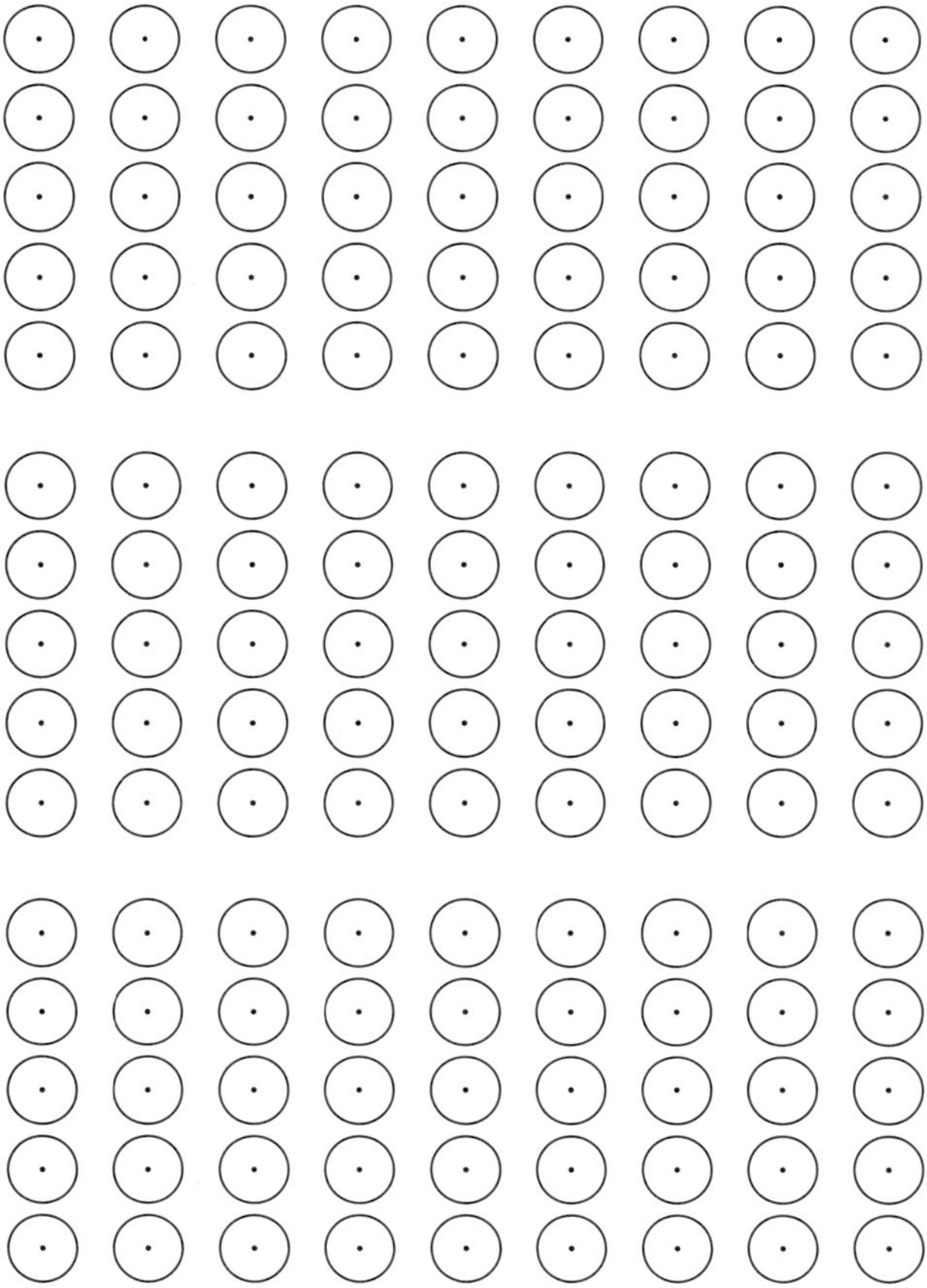

目の強化トレーニング② 文字・数字式トレーニング

4	M	み	0	ヲ	合	6	U	す
4	M	み	0	ヲ	合	6	U	す
4	M	み	0	ヲ	合	6	U	す
4	M	み	0	ヲ	合	6	U	す
4	M	み	0	ヲ	合	6	U	す

4	M	み	0	ヲ	合	6	U	す
4	M	み	0	ヲ	合	6	U	す
4	M	み	0	ヲ	合	6	U	す
4	M	み	0	ヲ	合	6	U	す
4	M	み	0	ヲ	合	6	U	す

4	M	み	0	ヲ	合	6	U	す
4	M	み	0	ヲ	合	6	U	す
4	M	み	0	ヲ	合	6	U	す
4	M	み	0	ヲ	合	6	U	す
4	M	み	0	ヲ	合	6	U	す

m　シ　下　8　Z　あ　d　コ　王
m　シ　下　8　Z　あ　d　コ　王
m　シ　下　8　Z　あ　d　コ　王
m　シ　下　8　Z　あ　d　コ　王
m　シ　下　8　Z　あ　d　コ　王

m　シ　下　8　Z　あ　d　コ　王
m　シ　下　8　Z　あ　d　コ　王
m　シ　下　8　Z　あ　d　コ　王
m　シ　下　8　Z　あ　d　コ　王
m　シ　下　8　Z　あ　d　コ　王

m　シ　下　8　Z　あ　d　コ　王
m　シ　下　8　Z　あ　d　コ　王
m　シ　下　8　Z　あ　d　コ　王
m　シ　下　8　Z　あ　d　コ　王
m　シ　下　8　Z　あ　d　コ　王

0 V や v ハ 四 2 Q に
0 V や v ハ 四 2 Q に
0 V や v ハ 四 2 Q に
0 V や v ハ 四 2 Q に
0 V や v ハ 四 2 Q に

0 V や v ハ 四 2 Q に
0 V や v ハ 四 2 Q に
0 V や v ハ 四 2 Q に
0 V や v ハ 四 2 Q に
0 V や v ハ 四 2 Q に

0 V や v ハ 四 2 Q に
0 V や v ハ 四 2 Q に
0 V や v ハ 四 2 Q に
0 V や v ハ 四 2 Q に
0 V や v ハ 四 2 Q に

a　リ　土　6　H　ら　q　ム　多
a　リ　土　6　H　ら　q　ム　多
a　リ　土　6　H　ら　q　ム　多
a　リ　土　6　H　ら　q　ム　多
a　リ　土　6　H　ら　q　ム　多

a　リ　土　6　H　ら　q　ム　多
a　リ　土　6　H　ら　q　ム　多
a　リ　土　6　H　ら　q　ム　多
a　リ　土　6　H　ら　q　ム　多
a　リ　土　6　H　ら　q　ム　多

a　リ　土　6　H　ら　q　ム　多
a　リ　土　6　H　ら　q　ム　多
a　リ　土　6　H　ら　q　ム　多
a　リ　土　6　H　ら　q　ム　多
a　リ　土　6　H　ら　q　ム　多

7　I　つ　o　チ　野　4　J　そ
7　I　つ　o　チ　野　4　J　そ
7　I　つ　o　チ　野　4　J　そ
7　I　つ　o　チ　野　4　J　そ
7　I　つ　o　チ　野　4　J　そ

7　I　つ　o　チ　野　4　J　そ
7　I　つ　o　チ　野　4　J　そ
7　I　つ　o　チ　野　4　J　そ
7　I　つ　o　チ　野　4　J　そ
7　I　つ　o　チ　野　4　J　そ

7　I　つ　o　チ　野　4　J　そ
7　I　つ　o　チ　野　4　J　そ
7　I　つ　o　チ　野　4　J　そ
7　I　つ　o　チ　野　4　J　そ
7　I　つ　o　チ　野　4　J　そ

r　ナ　麦　2　C　ま　e　ロ　米
r　ナ　麦　2　C　ま　e　ロ　米
r　ナ　麦　2　C　ま　e　ロ　米
r　ナ　麦　2　C　ま　e　ロ　米
r　ナ　麦　2　C　ま　e　ロ　米

r　ナ　麦　2　C　ま　e　ロ　米
r　ナ　麦　2　C　ま　e　ロ　米
r　ナ　麦　2　C　ま　e　ロ　米
r　ナ　麦　2　C　ま　e　ロ　米
r　ナ　麦　2　C　ま　e　ロ　米

r　ナ　麦　2　C　ま　e　ロ　米
r　ナ　麦　2　C　ま　e　ロ　米
r　ナ　麦　2　C　ま　e　ロ　米
r　ナ　麦　2　C　ま　e　ロ　米
r　ナ　麦　2　C　ま　e　ロ　米

家　3　Y　る　x　反　5　A　き
家　3　Y　る　x　反　5　A　き
家　3　Y　る　x　反　5　A　き
家　3　Y　る　x　反　5　A　き
家　3　Y　る　x　反　5　A　き

家　3　Y　る　x　反　5　A　き
家　3　Y　る　x　反　5　A　き
家　3　Y　る　x　反　5　A　き
家　3　Y　る　x　反　5　A　き
家　3　Y　る　x　反　5　A　き

家　3　Y　る　x　反　5　A　き
家　3　Y　る　x　反　5　A　き
家　3　Y　る　x　反　5　A　き
家　3　Y　る　x　反　5　A　き
家　3　Y　る　x　反　5　A　き

おcメ図9Tくwタ
おcメ図9Tくwタ
おcメ図9Tくwタ
おcメ図9Tくwタ
おcメ図9Tくwタ

おcメ図9Tくwタ
おcメ図9Tくwタ
おcメ図9Tくwタ
おcメ図9Tくwタ
おcメ図9Tくwタ

おcメ図9Tくwタ
おcメ図9Tくwタ
おcメ図9Tくwタ
おcメ図9Tくwタ
おcメ図9Tくwタ

南　&　E　て　k　ユ　池　1　G
南　&　E　て　k　ユ　池　1　G
南　&　E　て　k　ユ　池　1　G
南　&　E　て　k　ユ　池　1　G
南　&　E　て　k　ユ　池　1　G

南　&　E　て　k　ユ　池　1　G
南　&　E　て　k　ユ　池　1　G
南　&　E　て　k　ユ　池　1　G
南　&　E　て　k　ユ　池　1　G
南　&　E　て　k　ユ　池　1　G

南　&　E　て　k　ユ　池　1　G
南　&　E　て　k　ユ　池　1　G
南　&　E　て　k　ユ　池　1　G
南　&　E　て　k　ユ　池　1　G
南　&　E　て　k　ユ　池　1　G

か　b　レ　須　4　L　め　p　フ
か　b　レ　須　4　L　め　p　フ
か　b　レ　須　4　L　め　p　フ
か　b　レ　須　4　L　め　p　フ
か　b　レ　須　4　L　め　p　フ

か　b　レ　須　4　L　め　p　フ
か　b　レ　須　4　L　め　p　フ
か　b　レ　須　4　L　め　p　フ
か　b　レ　須　4　L　め　p　フ
か　b　レ　須　4　L　め　p　フ

か　b　レ　須　4　L　め　p　フ
か　b　レ　須　4　L　め　p　フ
か　b　レ　須　4　L　め　p　フ
か　b　レ　須　4　L　め　p　フ
か　b　レ　須　4　L　め　p　フ

も　ヌ　間　F　せ　%　ホ　通　8
も　ヌ　間　F　せ　%　ホ　通　8
も　ヌ　間　F　せ　%　ホ　通　8
も　ヌ　間　F　せ　%　ホ　通　8
も　ヌ　間　F　せ　%　ホ　通　8

も　ヌ　間　F　せ　%　ホ　通　8
も　ヌ　間　F　せ　%　ホ　通　8
も　ヌ　間　F　せ　%　ホ　通　8
も　ヌ　間　F　せ　%　ホ　通　8
も　ヌ　間　F　せ　%　ホ　通　8

も　ヌ　間　F　せ　%　ホ　通　8
も　ヌ　間　F　せ　%　ホ　通　8
も　ヌ　間　F　せ　%　ホ　通　8
も　ヌ　間　F　せ　%　ホ　通　8
も　ヌ　間　F　せ　%　ホ　通　8

h	ク	左	6	S	わ	絵	2	R
h	ク	左	6	S	わ	絵	2	R
h	ク	左	6	S	わ	絵	2	R
h	ク	左	6	S	わ	絵	2	R
h	ク	左	6	S	わ	絵	2	R

h	ク	左	6	S	わ	絵	2	R
h	ク	左	6	S	わ	絵	2	R
h	ク	左	6	S	わ	絵	2	R
h	ク	左	6	S	わ	絵	2	R
h	ク	左	6	S	わ	絵	2	R

h	ク	左	6	S	わ	絵	2	R
h	ク	左	6	S	わ	絵	2	R
h	ク	左	6	S	わ	絵	2	R
h	ク	左	6	S	わ	絵	2	R
h	ク	左	6	S	わ	絵	2	R

7	L	と	#	ネ	夜	0	Y	け
7	L	と	#	ネ	夜	0	Y	け
7	L	と	#	ネ	夜	0	Y	け
7	L	と	#	ネ	夜	0	Y	け
7	L	と	#	ネ	夜	0	Y	け

7	L	と	#	ネ	夜	0	Y	け
7	L	と	#	ネ	夜	0	Y	け
7	L	と	#	ネ	夜	0	Y	け
7	L	と	#	ネ	夜	0	Y	け
7	L	と	#	ネ	夜	0	Y	け

7	L	と	#	ネ	夜	0	Y	け
7	L	と	#	ネ	夜	0	Y	け
7	L	と	#	ネ	夜	0	Y	け
7	L	と	#	ネ	夜	0	Y	け
7	L	と	#	ネ	夜	0	Y	け

n	キ	牛	4	B	ち	w	サ	味
n	キ	牛	4	B	ち	w	サ	味
n	キ	牛	4	B	ち	w	サ	味
n	キ	牛	4	B	ち	w	サ	味
n	キ	牛	4	B	ち	w	サ	味

n	キ	牛	4	B	ち	w	サ	味
n	キ	牛	4	B	ち	w	サ	味
n	キ	牛	4	B	ち	w	サ	味
n	キ	牛	4	B	ち	w	サ	味
n	キ	牛	4	B	ち	w	サ	味

n	キ	牛	4	B	ち	w	サ	味
n	キ	牛	4	B	ち	w	サ	味
n	キ	牛	4	B	ち	w	サ	味
n	キ	牛	4	B	ち	w	サ	味
n	キ	牛	4	B	ち	w	サ	味

? Z は t ツ 紙 5 D へ
? Z は t ツ 紙 5 D へ
? Z は t ツ 紙 5 D へ
? Z は t ツ 紙 5 D へ
? Z は t ツ 紙 5 D へ

? Z は t ツ 紙 5 D へ
? Z は t ツ 紙 5 D へ
? Z は t ツ 紙 5 D へ
? Z は t ツ 紙 5 D へ
? Z は t ツ 紙 5 D へ

? Z は t ツ 紙 5 D へ
? Z は t ツ 紙 5 D へ
? Z は t ツ 紙 5 D へ
? Z は t ツ 紙 5 D へ
? Z は t ツ 紙 5 D へ

y	ヒ	字	3	K	て	a	モ	目
y	ヒ	字	3	K	て	a	モ	目
y	ヒ	字	3	K	て	a	モ	目
y	ヒ	字	3	K	て	a	モ	目
y	ヒ	字	3	K	て	a	モ	目

y	ヒ	字	3	K	て	a	モ	目
y	ヒ	字	3	K	て	a	モ	目
y	ヒ	字	3	K	て	a	モ	目
y	ヒ	字	3	K	て	a	モ	目
y	ヒ	字	3	K	て	a	モ	目

y	ヒ	字	3	K	て	a	モ	目
y	ヒ	字	3	K	て	a	モ	目
y	ヒ	字	3	K	て	a	モ	目
y	ヒ	字	3	K	て	a	モ	目
y	ヒ	字	3	K	て	a	モ	目

第4日

脳を強化してスピードアップを図る

所要時間 60分

いつもと同じように、「集中力トレーニング」から始めます。「丹田呼吸法」2分、「一点集中法」1分、「集中力移動法」2分を各2～3回行なってください。4日目ですから、かなり慣れてきたのではないでしょうか。

続いて「目の強化トレーニング」を反復練習します。「記号式トレーニング」と「文字・数字式トレーニング」も、それぞれ1分×2～3回行ないます。

トレーニング結果は、忘れずに129～130ページのチェック表に記入しておきましょう。

脳の強化トレーニングが不可欠な理由

理論編で説明したように、目から文字情報が入ってきても、脳が反応しないと、意味がわからないことになります。

文字を読むときに限らず、人間には「見てはいるのだけれど、気づいていない」ことがしばしば起こります。たとえばこういうことです。

以前、ＮＨＫで「交通事故の原因とはいったい何だろうか？」という番組が放映されました。従来の警察の解説なら「スピードの出し過ぎ」で片づけられてしまうところですが、ゆっくり運転しているときも事故は起こります。もっと根本的な原因があるはずです。

その番組ではＪＡＦ（日本自動車連盟）の資料をもとに、最大の原因が「認知の欠如」であると指摘していました。

つまり「脇道から出てこようとしているクルマが見えているのだけれど気づいてい

ない」とか「標識は目に入っているのだけれども、気がつかない」といったことが起きるのです。

速読に関係ありそうだとお気づきですよね。

そう、目で見ても、脳が認知しないと、意味がありません。本を読む場合の脳は、普通に読むスピードで、何が書いてあるのかを理解することに慣れていますから、たとえ「速読の目」があったとしても、脳がもとのままでは、文字をカタマリのまま読むことができません。目とともに、脳もトレーニングで強化してやる必要があるのはそのためです。

「読んで、何が書いてあったかわかる」「内容を理解できる」とは、具体的には、「その内容を覚えている」ということです。もちろん、一言一句を覚えている必要はありませんが、どんな内容だったか思い出せないのでは「読んだ」とは言えませんよね。

今日、第4日目から、目に入った情報を、確実に理解するために脳のトレーニングをします。

その方法は、131ページ以下で説明しますが、前提としてひとつだけ覚えておいていただきたいことがあります。「内容を理解できた」＝「覚えている」とは、「そのことについて具体的なイメージを作れたということ」なのです。

理論編でも述べたように、文字を読んだとき、心に像（イメージ）が浮かぶようにするのです。文字をカタマリとして捉えて、心のスクリーンに瞬間的に映しながら、また瞬時に具体的なイメージを作ること、それが脳の強化トレーニングの目的です。

そうして初めて、速読のスピードが飛躍的に向上するわけです。セミナーや通信教育を受講されている方の中には「なかなかスピードが速くならない」という悩みを持つ人もいますが、脳による認知の大切さを理解してトレーニングすると、途端にスピードアップすることがよくあります。

人間が高度な文明を築けたのは、頭脳の力によるものです。人間の脳は、さまざまな角度から研究されてきました。しかし、脳の秘めている力が実に偉大なことは、人間には太古から感覚的にわかっていたのです。

脳の強化トレーニングは、その偉大な「脳」の力を引き出し、頭脳の働きをより活性化させ、潜在能力を発揮させやすくします。

その結果、速読能力をよりレベルアップするだけではありません。イメージ力、記憶力、想起力、判断力、思考力等を強化させますから、知的な能力が向上する効果も大いに期待できるのです。

実際にトレーニングしてみると、脳を鍛えていることが、実感できるはずです。

基本トレーニングのチェック表

●集中力トレーニング

丹田呼吸法〈2分〉	●背筋を伸ばした正しい姿勢をしていますか ●呼吸は6秒／12秒でスムーズにできましたか ●集中して行なうことができましたか	1回目 優・良・可 2回目 優・良・可 3回目 優・良・可
一点集中法〈1分〉	●瞬きをせずに行なうことができましたか ●焦点が定まっていますか ●丹田呼吸はスムーズにできていますか	1回目 優・良・可 2回目 優・良・可 3回目 優・良・可
集中力移動法〈2分〉	●丹田呼吸はスムーズにできていますか ●スムーズに視点移動ができましたか ●2分間で往復運動ができましたか	1回目 優・良・可 2回目 優・良・可 3回目 優・良・可

●視野アップトレーニング

左右移動法／上下移動法／対角線移動法〈各1分〉	●目は自然に一定のリズムで動いていますか ●黒点を正確に捉えていますか ●点から点へ、線を追わないでスピーディに視点移動ができていますか	1回目 優・良・可 2回目 優・良・可 3回目 優・良・可
円移動法〈1分〉	●一定速度で円の軌道上を移動できていますか ●目を閉じたときもスムーズに移動できていますか ●目を閉じたときもスムーズに円軌道をイメージできますか	1回目 優・良・可 2回目 優・良・可 3回目 優・良・可

目の強化トレーニングのチェック表

〈記号式／文字・数字式〉トレーニングシートを1分間にめくったページ数を記入します。

●記号式トレーニング

	1分間のページ数	備　考
1回目		
2回目		
3回目		

●文字・数字式トレーニング

	1分間のページ数	備　考
1回目		
2回目		
3回目		

●視野アップトレーニング・目の強化トレーニング　数値目標
（1分間の回数・ページ数）

	視野アップ（左右）	視野アップ（上下）	記号式／文字・数字式
トレーニング開始当初	15回くらい	7～8回	6～8ページ
1週間カリキュラム修了時	20回以上	10回以上	10～12ページ
トレーニング継続1月後	30回以上	15回以上	16ページ以上

※視野アップトレーニング・左右移動法は、右上の黒点から左下の黒点までで1回
※上下移動法の場合は、右上の黒点から2ページ目の最後までで1回
※目の強化トレーニング　記号式／文字・数字式トレーニングは各々の目標

▶これらの数値目標は、あくまでも目安です。もし及ばないとしても、焦ったり悲観したりすることはありません。実際の速読・本読みの際には、捉える文字ブロックの大きさ（文字数）という要素もあります。視点移動のスピードがあまり速くはないとしても、本読み速度としては十分に伸ばしていくことも可能です。

脳の強化トレーニング①　本読みトレーニング

毎日のように繰り返してきたことですが、速読は「いかに目を止めるか」という技術です。「本読みトレーニング」は「目の強化トレーニング」の2つのトレーニング(「記号式」と「文字・数字式」)と直結しています。「目の強化トレーニング」は、今日でまだ2日目ですが、早い人はコツが飲み込めてきたのではないでしょうか。

数値的な目標を完全にクリアーしてからでないとダメ、ということはありませんが、目がうまく止められないと、流し読みになってしまうので注意が必要です。

「本読みトレーニング」も、視点は「記号式、文字・数字式トレーニング」と同じように、視点を文字のブロック単位に移動させます。

136〜138ページの本読みトレーニング・第1回の文章は1000文字です。1行41文字の見やすいレイアウトで用意してありますから、1行を上段・中段・下段に3分割するくらいの文字ブロックで、スムーズに視点を移動させます。

「記号式、文字・数字式トレーニング」は、対象が単なる記号や意味のない文字列でしたから、この視点移動は問題なくできた方も多いと思います。ところが、意味のある文章になると、どうしても従来の読み方になりがちです。

でも、そのままでは「速読の見方・読み方」に変えていくことができません。ここでは文字・文章のブロック単位に、できるかぎり速やかな視点の移動を心がけましょう。

極論を言えば、4日目・5日目の訓練としては、内容がほとんど理解できなくてもかまいません。それよりも、同じリズムで1行を3分割して見切ることを優先してください。

1行を3分割する見方についてですが、実際に文章に線を引いて分割するのはよくありません。あくまでも、目安としてブロックを想定してください。

トレーニング方法

●これまでのトレーニングと同じく、背筋を伸ばして良い姿勢をとります。

●本が顔の正面にくるようにします。本と目との距離は30～40センチくらいがよいでしょう。

●ムリに丹田呼吸をしなくてもかまいませんが、なるべくおなかで息を整えるようにします。

●視点の移動方法は、1行を3つに分割した文章ブロックの中心に視点を合わせ、できるかぎり視野を広く（文字数を多く）捉えるようにして、文章ブロックを次々に、速やかに視点を移動させます。

●活字を「音で読む」のではなく、「読み取る＝見る」感覚で視点を移動することが訓練のポイントです。

●1000文字の文章に対しての速読目標タイムは、1分間程度です。クリアーできなかった場合には、反復してください。

●タイマーで、経過時間を計って読書スピードを把握してください。

●読後、読み取った文章の内容を思い出して、文章中に出てきた単語・熟語などをできるかぎりたくさん、139ページのチェック表に書き出します（書き出しは、最長で4～5分間程度）。

精神の集中がこのトレーニングの要点です。呼吸を整えて、「記号式、文字・数字式トレーニング」の要領で、ブロックとしてどんどん見ていきます。

速読中に憶えようとすればするほど、読後に単語は書き出せないものです。初めは5～6単語程度でも、トレーニングを重ねるうち、20～40単語と書き出せるようになります。焦らず、着実にトレーニングを進めてください。

▼それでは1分間を目標に「1000文字・本読みトレーニング」を始めましょう。

▼訓練し終えたらチェック表に、結果を記録してください。

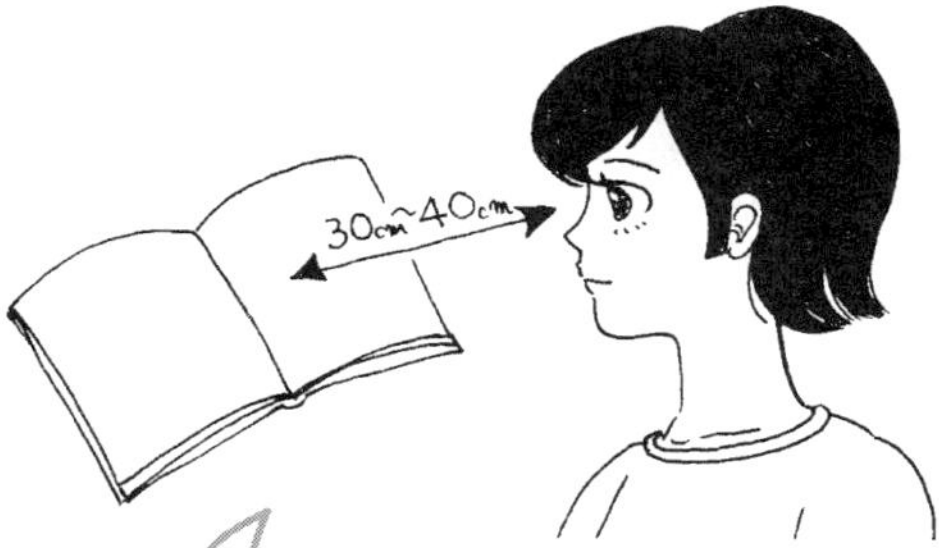

　最近の脳科学者の説によると、記憶力が年を取って落ちるという証拠はあまりない。逆に脳のネットワーク理論で考えれば、年を取るほど記憶システムは充実してくるはずだ、という説を唱える学者もいる。つまり、少なくとも老年期（私の定義では七五歳以上）になる前は、脳の機能が落ちるということが、科学的に証明されているわけではない。

●年を取ると記憶力は本当に低下するのか？

最近の脳科学者の説によると、記憶力が年を取って落ちるという証拠はあまりない。逆に脳のネットワーク理論で考えれば、年を取るほど記憶システムは充実してくるはずだ、という説を唱える学者もいる。つまり、少なくとも老年期（私の定義では七五歳以上）になる前は、脳の機能が落ちるということが、科学的に証明されているわけではない。

しかし年を取ったことを理由に、物覚えの悪さや記憶力の低下を嘆く人は大勢いる。ところが一方では年を取っても、いつまでも若々しく、さらに能力に磨きをかけていると思われる優秀な人がいるのも事実だ。

ではその差は、どこから来るのだろうか。いちばん大きいのは、やはり「習慣」の違いだと思われる。生まれついての能力の差などではなくて、普段の生活におけるちょっとした習慣、それが年を取ってからの「頭のよさ」に大きな違いを与えている。

前にも述べたが、たとえば勉強の習慣として「復習」というものがある。予習して授業に

▲405

臨み、その後、復習する。勉強をする以上、学んだことを頭に残さないといけないが、そのためにいちばん有効なことは、実は「復習」するということだ。

子供の頃は学校で教わったことは宿題などで復習するし、繰り返し何回もやる。そうする 515 ことで、自分がよく分かっていないことを改めて認識することができるし、ちゃんと覚えているかどうか、理解しているかどうかがはっきりと分かる。そうやって一つずつ知識を身につけていく「習慣」を持っていた。 613

ところが大人になると「復習」なんていう習慣は忘れてしまう。世の中には情報が溢れていて、それにキャッチアップするだけで精一杯、復習なんてしている余裕はない。第一試験勉強をしているわけではないのだから、日々の仕事で復習なんかが必要な場面はない。そう 735 いった反論が聞こえてくる。

しかし、「復習」が大事なのは、試験勉強に対してだけではない。たとえば「ＩＴ革命」について知っておきたいと思い、入門書を一冊読むとする。ひじょうに分かりやすかった。 829 もう「ＩＴ革命」については理解した、そう思って満足する人がほとんどだろう。しかし、よっぽど頭のいい人でないかぎり、一度さらっと入門書を読んだだけですべてを理解し、記憶することはできないと考えたほうがいい。 931

それに次から次へと新しい情報を仕入れていれば、結局、何も本当には理解せずに、うろ覚え程度の知識しか身につかないことになりかねない。そうして「一度覚えたはずなのになあ。やっぱり年を取ると記憶力が悪くなるな」と嘆いて、自分に対して言い訳をするように▲1053なる。

しかし実際は「記憶力」が落ちたのではなくて、「復習」という習慣をなくしてしまったことに問題がある。簡単にいえば、若い頃と比べて熱心に理解しようとしたり、覚えようと▲1137していない。逆にいえば、大人になるにしたがい、人間を賢くする「習慣」を捨てていると▲1183も言える。

1行41字×約31行（『頭をよくするちょっとした「習慣術」』和田秀樹より）

スピードチェック記入シート

年　月　日

速読スピード　　　文字／分

内容の理解度　（優・良・可・不良）

読書中の集中度　（優・良・可・不良）

覚えている単語・熟語・名称などを書き出しましょう

単語などの数　　　語

読んだ文章中の言葉を、いくつ書き出せましたか？　思い出そうとすればするほど、ほんの少ししか出てこなくて、愕然とした人もいるのではないでしょうか。

この本では、あらかじめ単語の書き出しがあることを示しましたが、普段の速読セミナーでは、練習用の文章を読んだ後に「では、覚えている単語を書き出してください」と言うので、あわてる人も多いのです。

読んでいる内容を「ひたすら憶えておこう」「とにかく記憶しておこう」として読むのではなく、まず内容をわかろうとして読み進めていくことが大切です。「理解できたこと」すなわち「具体的なイメージが作れたこと」は、必ず「想い起こすことができる」ためです。

そのためのコツを掲げておきます。

◉「直感的印象」を強化する

初めて会う人でも、その人の特徴をつかんでいるとすぐに思い出せるものです。文章の細かい部分を気にするのではなく、文章全体が何を言おうとしているのかを直感的につかみましょう。

◉「連想」を大切に

たとえば「学校」という単語を思い出したとしたら、「教室」はどうなのか、「先生」は登場しなかったのかと芋《いも》づる式に連想するのです。

◉「好奇心」を働かせる

記憶する対象に好奇心を持つようにしましょう。つまらなくて楽しくないことは記憶しようとしてもなかなかできません。

◉「平常心」を持つ

集中できるのは平静なときです。丹田呼吸による集中トレーニングは、その意味でとても大切なのです。

◉「イメージ」に結びつけよう

印象の鮮明さや深さ・スピードは圧倒的に右脳が優れています。読もうとしている言葉や文字は左脳で記憶されますが、その意味や内容が映像やイメージに変換されて、初めて具体的に「わかった」と納得するのです。

◉「繰り返して」想い起こす

同じことでも、いろいろな状況で何度もアウトプットすることで、記憶は強化されます。私たちの頭脳の中では情報はネットワークになっています。憶えたことを忘れないために、また記憶を強化するために、何度も繰り返して想い起こしてみましょう。

講師からのメッセージ①

山口育子

日本速読協会認定3級（6000字／1分間）（大阪支部）

わが子には「本好きの子供に育って欲しい」と思いながらも、どうしたら本好きの子になってくれるのかがわかりませんでした。そんな時、速読を知り、子供たちは他の習い事より「速読プレスクール」が大好きになりました。高学年になると本格的に速読を教えていただくようになり、当初はまだ「本が大好き」という感じではなかったのですが、ふと気がつくと、夢中になって本を読んでいる姿を、よく見かけるようになりました。

目のトレーニングを小さい時からしているので、自然と読むスピードがついてきていて、読むことが苦にならないようです。また、子供たちに本の内容を聞いてみると、本の世界に入りこんで、イメージを捕えているようです。

最近では好きな作家の本を次々と読んだり、お気に入りの一冊を見つけ出しては、私に紹介してくれます。本から、親子の会話が広がることもあり、楽しいです。本を読むことが生活の一部にできたのは、速読との出会いだと感謝しています。速読が私たち親子を素晴らしい世界へと導いてくれた気がします。

第5日

視点移動と視幅拡大のための特訓

所要時間 60分

今日も「集中力トレーニング」から始めましょう。「丹田呼吸法」2分、「一点集中法」1分、「集中力移動法」2分を各2～3回行なってください。

続いて「目の強化トレーニング」を反復練習します。「記号式トレーニング」と「文字・数字式トレーニング」も、それぞれ1分×2～3回行ないます。トレーニング結果は、148～149ページのチェック表に記入しておきましょう。

応用トレーニング① 数字さがし

同じことの繰り返しに、イライラする人もいるかもしれませんが、毎日続けることで、確実に視野は広くなっていきます。

飽きるとモチベーションも下がって、トレーニングの効果も落ちてきますから、今日は新しい練習方法を取り入れます。

数字さがし

巻末カラーページ図AとBを使って、視点移動のスピードアップと視幅拡大のための応用トレーニングを行ないます。

図A・Bの中には、それぞれ1〜30までの数字がランダムに配置されています。この図のどちらかを、顔の中心に置いて全体を視野に収めます。その中心に視点を置いて、1から2、3、と順番に見つけていってください。図全体の広い視野のなかで数字が見つかると、視点がいったん止まることになりますが、この止まっている時間をできるだけ短くします。

可能なかぎり速《すみ》やかに、視野の中で次の数字を探して視点を止め、すぐまた次の数字へと視点を移動させつづけましょう。早く30まで、さがし終えればいいわけです。

トレーニングのポイントは、できるだけ目をキョロキョロと動かさないように注意して、広く見ることです。また、視点移動のための応用トレーニングですから、指やペンなどを補助的に使って数字を追ってはいけません。

タイマーなどで1から30までをさがし終わるまでのタイムを計ります。初めてチャレンジするときの目標は60秒以内です。

それでは集中して始めましょう。

何秒で終わりましたか？　1分30秒以上かかってしまった人はやり直しです。目標タイムは45秒から60秒ですが、初めての方は1分ちょっとまではOKとします。

トレーニング期間中に復習トレーニングをして再チャレンジしてください。最終的な目標は30秒以内です。

ただし、何度も続けてチャレンジすると順番を覚えてしまい、トレーニングの目的から離れてしまいます。日を変えてやってみて、さりげなく30秒が切れるといいですね。

この本の最初で述べたように、速読とは一種のスポーツですから「いきなり上達した！」などということは、残念ながら起きません。でも、スキーでもゴルフでも、まったく練習したことがない人より、わずかでもレッスンした人のほうがサマになっていますよね。みなさんはそれと同じ状態なのです。

今日で5日目ですから、カリキュラムどおりにトレーニングしていれば、だいぶ格好がついてきているはずです。ただ、鍛えているのが目と脳なので、フォームなどから判断しにくいという問題はありますが。

読書トレーニングで、スピードが実感できる人は、それを励みに頑張りましょう。思ったほどでもないという人も、トレーニング開始直後の上達率は個人差も大きいのです。そこでモチベーションを下げないためにも、「数字さがし」のような目新しいトレーニングが効果的です。

基本トレーニングのチェック表

●集中力トレーニング

丹田呼吸法〈2分〉	●背筋を伸ばした正しい姿勢をしていますか ●呼吸は6秒／12秒でスムーズにできましたか ●集中して行なうことができましたか	1回目　優・良・可 2回目　優・良・可 3回目　優・良・可
一点集中法〈1分〉	●瞬きをせずに行なうことができましたか ●焦点が定まっていますか ●丹田呼吸はスムーズにできていますか	1回目　優・良・可 2回目　優・良・可 3回目　優・良・可
集中力移動法〈2分〉	●丹田呼吸はスムーズにできていますか ●スムーズに視点移動ができましたか ●2分間で往復運動ができましたか	1回目　優・良・可 2回目　優・良・可 3回目　優・良・可

●視野アップトレーニング

左右移動法／上下移動法／対角線移動法〈各1分〉	●目は自然に一定のリズムで動いていますか ●黒点を正確に捉えていますか ●点から点へ、線を追わないでスピーディに視点移動ができていますか	1回目　優・良・可 2回目　優・良・可 3回目　優・良・可
円移動法〈1分〉	●一定速度で円の軌道上を移動できていますか ●目を閉じたときもスムーズに移動できていますか ●目を閉じたときもスムーズに円軌道をイメージできますか	1回目　優・良・可 2回目　優・良・可 3回目　優・良・可

目の強化トレーニングのチェック表

〈記号式／文字・数字式〉トレーニングシートを1分間にめくったページ数を記入します。

●記号式トレーニング

	1分間のページ数	備　考
1回目		
2回目		
3回目		

●文字・数字式トレーニング

	1分間のページ数	備　考
1回目		
2回目		
3回目		

「視点移動の速度アップ」とは、焦点の合う速度と合っている時間の短縮です。黒点から黒点に線を追っていって、目を流していくための速度を上げるのではありません。まぎらわしいのですが、ここが重要なポイントです。

ですから、1分間の視点移動トレーニングをするあいだ、一定のリズムで訓練する必要はありません。短い時間で瞬間的に速い移動リズムを作り、緩急をつけてトレーニングごとに移動速度を速めます。

この繰り返しは、眼筋のフィジカルなスポーツトレーニングといってよいでしょう。

脳の強化　本読みトレーニング①

本読みトレーニング・ふたつ目の文章（154〜156ページ）は、1行41文字の、約1200文字を用意してあります。昨日と同じように、1行を上段・中段・下段に3分割するくらいの文字ブロックでリズミカルに視点を移動させます。

このときの1行を3分割というのはあくまでも想定上の文字ブロックですから、あまりにブロックへの分割を意識すると、速読のトレーニングからポイントがずれてしまいます。

1行を上・中・下と視点を移動させて見きっていくことが大切です。

トレーニングを続けていくと、視野が広がって、3分割だった文字ブロックが、次第に2分割くらいまで、大きくしていくことが無理なくできます。

この文字ブロックが大きくなると、視点を止めて認識している時間は変わらなくても、速読できる文字数が飛躍的に増える、つまり速読スピードが速くなることがおわかりでしょう。

そのため、この本読みトレーニングのときには、ブロックを視点が移動するスピードを、必要以上に速くしようと焦らなくてよいのです。

しかし、「スピードは上げられるが理解がついてこない」「ひたすら速読しようとするあまり、読後なにも残っていない」といった問題に突き当たってしまうこともあるでしょう。

記憶のためのポイントは、昨日の単語の書き出しの後で説明したとおりですが、私たちが記憶するシステムは、大きく分けると3つの機能から成り立っています。

1つは私たちが経験したことを頭脳に収めるための「符号化」。

次は、符号化したものを情報として保存しておく「貯蔵」。

そして貯蔵したものの中から必要なものを取り出してくる「想起」です。

この3つの要素が正確に機能して、初めて記憶というシステムになるわけです。

トレーニング方法

●1行を3つに分割した文章ブロックで視点移動をする要領は、昨日のトレーニングと同じです。また、第6日目以降の本読みトレーニングも文書の文字数が増えて目標が高まるほかは以下の方法と同じになります。

●1200文字の文章に対しての速読目標タイムは、1分間程度です。タイマーで、経過時間を計って読書スピードを把握してください。クリアーできなかった場合には、反復しておきましょう。

●読んだ後、以下の項目をチェック表に記入してください。

・経過時間＝速読スピード文字数
・文章の内容の理解度　（優・良・可・不良）
・読書中の集中度　（優・良・可・不良）

●昨日と同じように、読み取った文章の内容を想い起こし、できるかぎり数多く単語・熟語などを書き出しましょう（最長で4～5分間程度）。

●さらに次のポイントも書き出せるとよいでしょう。
・文章にタイトルをつけてみる
・5W1H（いつ・どこで・誰が・何を・なぜ・どうやって）を整理してみる
・書き出せた単語・熟語にさらに関係ありそうな語彙を思い出してみる
●書き出す単語の目標は、30単語以上です。

▼それでは1分間を目標に「1200文字：本読みトレーニング」をしましょう。
▼訓練し終えたらチェック表に、結果を記録してください。

本書のトレーニング用の文章だけではなく、みなさんがお持ちの本でも、数多く本読みトレーニングをしてみてください。1行文字数×行数の概算でかまいませんから、文字数を把握して速読目標タイムを設定して行ないます。

また、本書のトレーニング用文書と同じ1行40文字前後の文章は、もっとも一般的なものですから、お持ちの書籍でトレーニングすることもおすすめです。

●日本人特有の「誠意条項」

憲法第九条の問題に入る前に、日本人と法律、日本人と契約の問題を検討したい。実はその問いの中に、憲法問題への解答が含まれるのである。

特に、問題は「契約」にある。

日本人が契約下手なことは、いまや世界的定評がある。契約条項にペナルティを記しておかなかったために、相手の契約違反に対して何の措置も取れず、外人の顧問弁護士に笑われたとか――失敗談は枚挙にいとまがない。あなたがビジネスマンなら、先輩上司の失敗談を一つや二つは聞いたことがあるはずだ。

日本はアジアの先進国だが、こと契約に関するかぎりは、中国や韓国よりも下手かもしれない。

その理由として、まず挙げられるのは日本にはキリスト教やイスラム教のような、契約を主体とした宗教がないということがある。確かに、宗教のような基本原理に契約という観念

▲344

が盛り込まれているのと、いないのとでは、日常の生活にも違いが出てくるだろう。日本人
は日常、契約を結ぶ機会が欧米人に比べて極端に少ない。早い話が、この稿を書いている私
ですら、出版社と出版契約を結んでいるわけではない。本来なら、まず枚数を決め、印税率 ▲467
を確認し、〆切（納期）を定め、印税の支払い時期および方法を明記し、さらにトラブルが
起きた場合の処理、ペナルティ等の条項を盛り込んだ契約書を双方が交わすべきだ。

しかし、実態は全部口約束である。もちろん期間と枚数、それに〆切日ぐらいは聞くが、 ▲586
事前に出版部数を確かめたりはしない。本当は出版部数ぐらいは確かめたほうがいいのだ
が、私はかつて新人のころ、単なる好奇心から自分の原稿料はいくらかと尋ねたところ、い
つの間にか「金にこまかい新人」という噂が広まっていて、愕然としたことがある。出版界 ▲708
では、事前に額を尋ねないことが慣習になっていたらしい。最近は、若手やビジネス界出身
の作家が増えたため、そんなことはなくなったらしいが、それはほんの一〇年前のことであ
る。 ▲792

自分のもらう報酬の額さえ確かめられないのだから、きちんとした契約などできるはずも
ない。もっとも本当の意味での契約を結ぶとなると、作家が〆切を守れなかった場合は、当
然ペナルティが科せられることになる。だからご免だよという作家のほうが多い。正直言う ▲914

と私もその口である。

欧米とくにアメリカでは話は別だ。気のきいた作家は、ほとんど代理人を雇っているし、もちろん代理人とは契約によって結ばれている。出版社が作家に、何年何月までに原稿を書き上げることを条件に、前渡し金を払うこともある。当然、契約が結ばれる。また契約にはトラブルが付きものだから、出版社も作家も顧問弁護士を抱えているということになる。医者ほどではないにしても、弁護士は絶対に必要なのだ。日本では顧問弁護士がいる作家などは、おそらく十指に満たないのではないか。少なくとも私の友人知人にはいない。

なぜ弁護士を抱えないのか。

カンのいい人はこれだけ言っただけで、もう答えがわかるだろう。

コトダマである。

▲1216 ▲1165 ▲1046

1行41字×約31行（『言霊』井沢元彦より）

スピードチェック記入シート

年　月　日

速読スピード	文字／分
内容の理解度	（優・良・可・不良）
読書中の集中度	（優・良・可・不良）

覚えている単語・熟語・名称などを書き出しましょう

……………………………………………

……………………………………………

……………………………………………

……………………………………………

……………………………………………

……………………………………………

……………………………………………

……………………………………………

単語などの数　　語

この際、丹田呼吸をマスターしておきたい人のための3ポイント

速読の入門レベルでは、厳格に丹田呼吸ができなくても問題ありませんが、身についていると、より高い目標に向かってトレーニングできます。人間の集中力は2～3分しか持続しませんが、持続時間を延ばすのに丹田呼吸はもっともよいトレーニングなのです。

丹田呼吸をマスターするための、ポイントは次の3つに絞られます。

◉調身／姿勢を調える

基本トレーニング（集中力トレーニング、視野アップトレーニング）を行なうときは、椅子に座って机に向かい、トレーニングシートを、45度くらいの角度をもたせて持ちます。腕は机の上で自然に伸ばした形になっているはずです。トレーニングシートに対して、上から見下ろす姿勢にならないように気をつけましょう。

椅子の背もたれから背中を離し、背筋と首の筋肉をまっすぐにして安定した姿勢を

保ちます。正面に向けたトレーニングシートに向けて、少しだけ視線を降ろします。リラックスはしますが、姿勢はシャキッとしていますね。

付け加えると、トレーニングシートを使わず、丹田呼吸だけする場合、目は閉じないで、水平から少しだけ目線を落として行ないます。

◉調息／息を調える

鼻から吸って、鼻から吐きます。下丹田のおなかの底に息を落とすようにして、6秒で吸い、12秒かけて吐きます。

吐くときは細く長く、下丹田から一定に吐きます。細く糸を引くようなイメージで、吐き終わったとき、まだ息が残っているように余裕を持たせます。丹田呼吸は深呼吸ではありません。

呼吸が苦しくてうまくできない人は、

・4秒／8秒、または5秒／10秒にしてみる

・6秒吸って、6秒止め、6秒で吐く

・6秒吸って、18秒吐くつもりで実際は13秒のところで、次の呼吸に移る
などの練習方法があります。

◉調心／心を調える

呼吸するときの、6と12の数だけを、心の中に浮かべながら数え、呼吸をすることだけに専心します。

講師からのメッセージ②

佐々木きみ枝

日本速読協会認定準2級（20000字／1分間）（福岡支部）

「速読」を始めてよかったと思うことは、自分のことを例にしますと、現在私は、薬剤師として働いていますが、毎日次々と届く新薬情報、ジェネリック薬の情報、副作用情報、さらには新型インフルエンザの動向について等の溢れんばかりの情報の中で、いかに大事なものを的確に読み取るかが要求されています。

「速読」のおかげで、これらの情報に、さっと目を通し、要、不要を決め、必要なものはファイルへ、残りはゴミ箱へ直行させ、いつも机の上をすっきりさせておくことができます。

その上、「速読」とは、速く読むことだけではなく、理解力、想起力の訓練もしますので、ちょっと変だなと気づく、あるものと別のものをぱっとつなぐ、インスピレーションがわくといった副次的な能力も得られます。薬の名前には、似たようなものがよくありますし、患者様の持ってこられた処方箋が、前回と異なっているときなどにも、違いに気づき、ご本人に確認したり、処方医に問い合わせたりして、間違いを防止することにも役立っています。

第6日

視幅を広げ、ブロックで見る応用訓練

所要時間 60分

いつものように「丹田呼吸法」2分、「一点集中法」1分、「集中力移動法」2分を各2～3回行ないます。

「目の強化トレーニング」も同じように反復練習します。「記号式トレーニング」と「文字・数字式トレーニング」を、それぞれ1分×2～3回行ないます。毎日のことですから、習慣化してきていることでしょう。

トレーニング結果を記入するチェック表は、170～171ページにあります。

応用トレーニング② ことわざ発見

文字列をブロックで見ることと、視幅拡大のトレーニングです。

まず、次の文字列を枠全体として、一目で見てください。〝ポン〟という感じで2〜3秒間ほど見た後、紙面から目を上げ、何ということわざなのかをイメージしてください。

ではどうぞ。

い
の
苦
神
み
し
頼
時

みなさんもよくご存じのことわざ「苦しい時の神頼み」ですが、文字をわざとバラバラにして入れ替えてあります。

【質問1】枠の中のこの8文字を文字ブロック全体として一瞬だけ見ることができましたか？

【質問2】紙面から目を上げて枠の中の文字ブロックを想い描いたときに、この「ことわざ」に気づくことができましたか？

8文字というのは少し文字数が多いと感じた方もいらっしゃるかもしれませんが、このあとの実習では、四字熟語から8文字よりさらに文字数の多いことわざまで用意してあります。

ここでは8文字で解説します。

質問1で一度に枠全体は無理だった、という方はもう一度前半4文字・後半4文字の2回に分けて速やかに視点移動してください。4文字ならかならず大丈夫です。4文字から視幅が広がっていって、8文字以上まで一度に視野の中で捉えることができるという実感を持ってください。一瞬に8文字できるようになると、これは素晴らしいことです。

質問2で「ことわざ」に気づけなかった方はあまりいらっしゃらないと思います。これが単なる文字の羅列であったなら、あるいは「文字の羅列です」と説明してから見ていただいたなら、たしかに文字ブロックの意味に気づくのは困難になります。

しかし、ここでは「ことわざ」という大ヒントが訓練のタイトルとしてあるのですから、それほど難解ということにはならないはずです。

このトレーニングをしていると、人間の脳の働きがわかります。

このようなバラバラの文字ブロックであっても、どこかに気づくとスッと全体の意味が取れる（ことわざに気がつく）のです。ということは、知識のネットワークのどこかから、引っ張り出すことができているわけです。

もしも、意味がわからない四字熟語やことわざだったとしても、熟語や文章としての意味は読みとれることにつながります。

「『小春日和《こはるびより》』は、春の天気ではありません。『河童の川流れ』は、楽しそうに遊ぶようすのことではありません」と、母親が息子に手紙で語りかけるテレビCMがありましたが、意味は誤解していても、言葉の順番は正しくわかるものなのです。

次のページで実習してみましょう。

📖 実習　四字熟語・ことわざ発見

それでは、どんな四字熟語・ことわざ（慣用句）が書かれているかチャレンジしてください。

１つの問題に対して１、２秒（長くても３秒）で、行全体に視幅を広げて見るようにします。気がついたら次に進みます。解答は180ページ。

1 一・金・千・刻
2 尽・網・打・一
3 石・二・一・鳥
4 果・応・因・報
5 枯・衰・栄・盛
6 猛・敢・果・勇
7 糊・昧・模・曖
8 口・同・異・音
9 深・味・長・意
10 千・千・山・海
11 往・往・右・左
12 故・新・知・温

13 鯛をでびる釣え
14 は如しばがるざた猶及る過ぎ
15 頭山く登多て船にる船し
16 熱るれ喉元ばされぎ忘過
17 小山いはでり粒りとも椒ぴ辛
18 高は枝食ねど楊わ武士
19 文殊の三人ば知恵れ寄
20 しては一日ずらなローマに
21 数てば鉄砲うな下手も当たる
22 痛いれに入なても目く
23 儲が風け屋がかる桶ば吹
24 らさん求らよば与めえれ

もちろん、実際の文章では、意味不明な文字の羅列ということは決してありません。

また、このトレーニングでは「四字熟語・ことわざ」だとあらかじめ示してありますから、文字の羅列が意味している内容に気がつくことが、まず重要です。

現実の文章の場合には、今回のトレーニングのように、ある程度の文字ブロック・文章ブロックを見きっては、いちいち目を上げて意味を考えるのではありませんが、文章全体としていわんとしている事柄にまず気づくことが必要です。

その意味で、この「ことわざバラバラ事件」と通じるところがあるのです。

文章全体が何を言おうとしてるのかに気がつくことで、すでに知っている情報や知識と、今読んだ新しい内容とがリンクして、初めて理解につながっていきます。

●「視幅・残像チェック」をもう一度

今日で6日間、視野・視幅を広げるトレーニングをしてきました。どのくらい広がったか、173ページでチェックをしてみましょう。

第1日と同じように、図表中心の小さな黒点を30秒間凝視します。数字を覚えようなどとはしないで、ただ見つめてください。

30秒後、視点を右ページに移して、2～3回かるく瞬《まばた》きしてください。

前回と比べると格段に広がって、上下左右の端まではっきりと見えるでしょう。今まで、視野・視幅の筋肉をトレーニングする機会がなかっただけに、短期間で驚くほどの成果が出ているのです。

視点を止めるスピード、視点を移動するスピード、そして脳もトレーニング次第で、どんどん向上するのです。

現在のところ、この「視幅・残像チェック」のように簡単に実感する方法がないのですが、確実に上達していると信じて、トレーニングを続けましょう。

基本トレーニングのチェック表

●集中力トレーニング

丹田呼吸法〈2分〉	●背筋を伸ばした正しい姿勢をしていますか ●呼吸は6秒／12秒でスムーズにできましたか ●集中して行なうことができましたか	1回目　優・良・可 2回目　優・良・可 3回目　優・良・可
一点集中法〈1分〉	●瞬きをせずに行なうことができましたか ●焦点が定まっていますか ●丹田呼吸はスムーズにできていますか	1回目　優・良・可 2回目　優・良・可 3回目　優・良・可
集中力移動法〈2分〉	●丹田呼吸はスムーズにできていますか ●スムーズに視点移動ができましたか ●2分間で往復運動ができましたか	1回目　優・良・可 2回目　優・良・可 3回目　優・良・可

●視野アップトレーニング

左右移動法／上下移動法／対角線移動法〈各1分〉	●目は自然に一定のリズムで動いていますか ●黒点を正確に捉えていますか ●点から点へ、線を追わないでスピーディに視点移動ができていますか	1回目　優・良・可 2回目　優・良・可 3回目　優・良・可
円移動法〈1分〉	●一定速度で円の軌道上を移動できていますか ●目を閉じたときもスムーズに移動できていますか ●目を閉じたときもスムーズに円軌道をイメージできますか	1回目　優・良・可 2回目　優・良・可 3回目　優・良・可

目の強化トレーニングのチェック表

〈記号式／文字・数字式〉トレーニングシートを1分間にめくったページ数を記入します。

●記号式トレーニング

	1分間のページ数	備　考
1回目		
2回目		
3回目		

●文字・数字式トレーニング

	1分間のページ数	備　考
1回目		
2回目		
3回目		

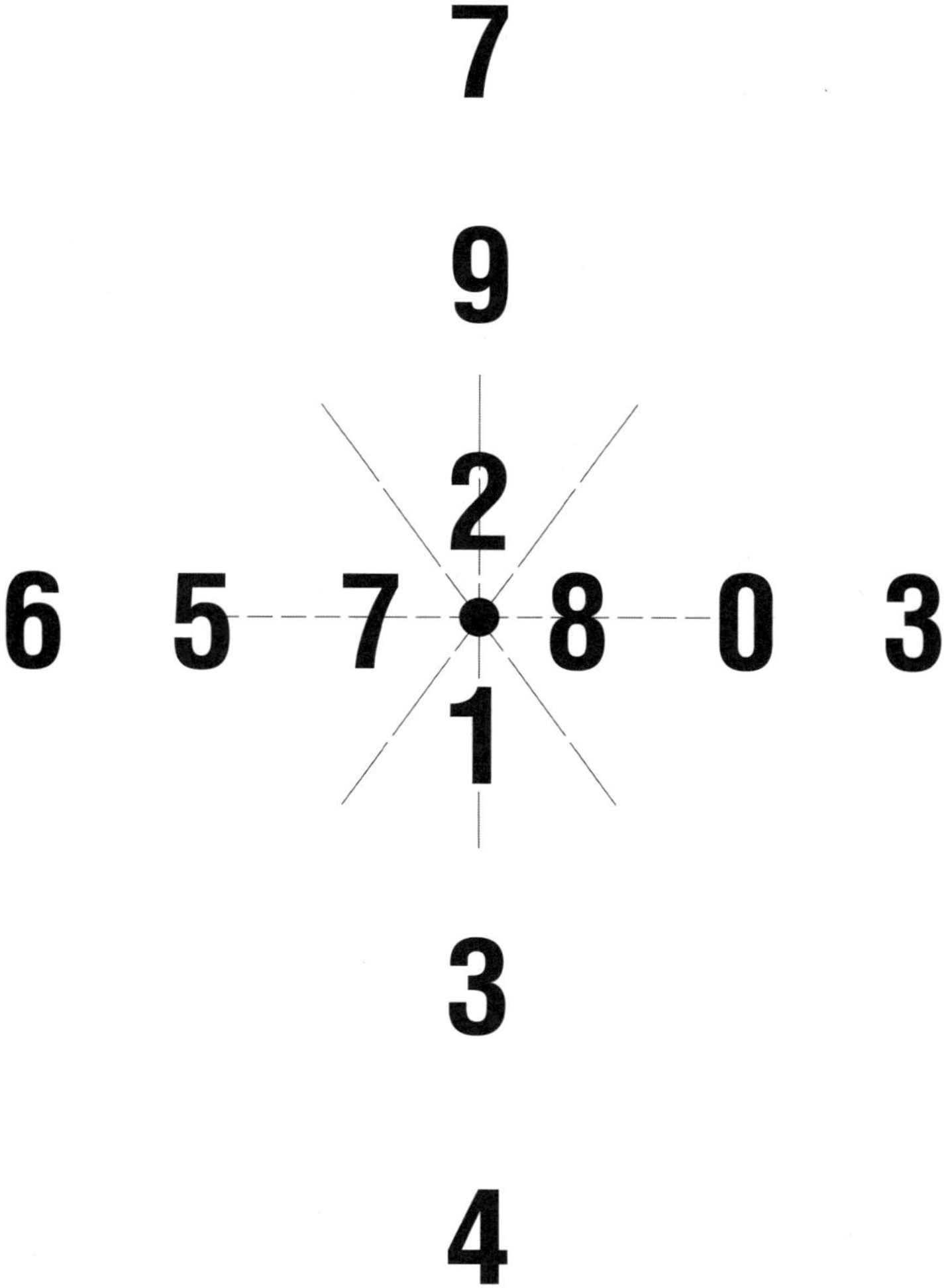
7
9
2
6 5 7 8 0 3
1
3
4

●「見出し」を活用して情報を仕入れる

ビジネスマンはいかにして情報を仕入れればいいか。新聞、雑誌、テレビ、インターネットなど情報が氾濫している世の中で、いかに有効な情報を仕入れるか。

情報には仕事に直接関わる情報と、直接には関わらない情報とがある。直接関わる情報はもちろんマメに仕入れるべきだが、一見関係なさそうな情報も、できるだけ多く仕入れたほうがいい。

しかし、多く仕入れたほうがいいといっても、やみくもに情報を漁っても意味がないし、そもそも学生でもないかぎり、そんな時間はない。ではどうすればいいかというと、「情報の見出し」にできるだけ多く接するようにする。

具体的にいえば、新聞の見出しや雑誌の見出しにできるだけ多く接するようにする。新聞をじっくりと隅から隅まで読めば一時間や二時間はかかってしまうが、見出しを追うだけだったら、一〇分程度で済む。そのうえで興味のあることについては、記事を読んだり、さ

▲382

らにインターネットや本で詳しい情報を手に入れるようにする。

インターネットのメールマガジンなどによるニュースの配信サービスも便利なことは便利
だが、やはり最初から情報が取捨選択されている感は否めない。趣味で好きなメルマガを読 ▲492
んだり、仕事に密接に関わる情報だけを手に入れるには便利かもしれないが、情報の仕入れ
方の最初のところは、もっと雑食のほうがいい。

一つの仕事に長い間ついていると、どうしても興味の範囲が限定されてくる。それはある ▲595
意味では仕方のないことではあるが、あまりそれが進むと思考までも硬直化してしまう。

だから、なるべく新聞や雑誌の見出しに多く接することで、情報のアンテナだけは常に
張っておく。電車に乗った時に、中吊り広告をしっかりと見るのも一つの手だ。 ▲710

雑誌も自分が興味があるものしか買わないものだから、せめて中吊り広告くらいは、女性
ファッション誌のものでもしっかり読んでみる。「見出し」というのは情報のエッセンスが
詰まったものだから、女性ファッション誌の中吊りを何誌か読むだけで、今、若い女性に流 ▲832
行っているものが見えてくる。各雑誌のカラーはもちろんあるけれど、必ず共通する「キー
ワード」はあるものだ。

テレビのニュース番組を見るという方法もあるが、情報の仕入れ先としてテレビはあまり ▲924

お勧めしない。たとえば「ニュースステーション」でも、自分が興味がある特集をやってい
ることはあるかもしれないが、そこに行き着くまでにCMが多数入るし、「花見の特集」な
んていうものが二〇分も続いたりする。 ▲1024
一時間なら一時間つき合わされても、いい「見出し」に二、三本しか出合えないというの
はよくあることだ。つまり、テレビは情報の「見出し」を仕入れるには、時間のロスが多す
ぎる。 ▲1108

ドラマや映画をビデオに録画する代わりに、見たい特集がある日だけニュース番組をビデ
オに録画するというのも一つの方法かもしれない。
ただビデオというものは、録画した時点で安心してしまって、その後なかなか見ないこと ▲1211
も多いので、これもそんなにお勧めできる方法ではないかもしれない。特にニュース番組な
どのビデオはなおのことだ。

もう一つ、車によく乗る人にお勧めなのは、車を運転しながらAMラジオを聞くことだ。 ▲1305
FMや音楽を聞いたほうがリラックスできるかもしれないが、情報の見出しに出合うには、
AMラジオは案外有効だ。テレビの場合は確実に時間が食われるが、車の移動時間であれ
ば、もともと何もできない時間なのだから、損はしない。 ▲1412

昼間の品のない番組はあまり意味がないが、午前中の放送なんかはなかなか聞き応えがある。私も一般の人たちの興味や関心にキャッチアップするために、よく聞くようにしているし、ひじょうに重要な情報をラジオから得ている。

▲
1516

1行41字×約38行（『頭をよくするちょっとした「習慣術」』和田秀樹より）

スピードチェック記入シート

年　　月　　日

速読スピード　　　　　　　文字／分

内容の理解度　（優・良・可・不良）

読書中の集中度　（優・良・可・不良）

覚えている単語・熟語・名称などを書き出しましょう

……………………………………

……………………………………

……………………………………

……………………………………

……………………………………

……………………………………

……………………………………

……………………………………

単語などの数　　　　　　　語

「速読の目」が向上してくると、スピードは「速読の脳」で決まります。つまり「より速く理解する」「より速く想い起こす」ことができないと、目に映っていても、意味をなさないからです。さまざまなトレーニングを実践する際の注意点を挙げておきましょう。

●身体をリラックスさせるため、緊張と弛緩を繰り返す簡単な運動をする。
●意識（心）を鎮めるために、少しの時間、丹田呼吸法を行なう。
●トレーニングブックや本を見るときは、姿勢を整えて頭を動かさない。
●文字を見ようとして目に力を入れたり、眼球を必要以上に動かさない。
●速く見ようとして、気持ちだけで焦らない。意識と目が一緒に動くようにする。
●新しい読み方を習得している途中なので、従来の読み方にこだわらないように。
●思いこみを抑えて、目からの情報を素直に受け取ろう。
●ブロックを飛び跳ねる感覚で移動すると、目が文章から離れてしまう。

厳密に思われるかもしれませんが、一度「速読の脳」の感覚がつかめると大丈夫です。

四字熟語・ことわざ（167ページ）の解答

1　一刻千金
2　一網打尽
3　一石二鳥
4　因果応報
5　栄枯盛衰
6　勇猛果敢
7　曖昧模糊
8　異口同音
9　意味深長
10　海千山千
11　右往左往
12　温故知新

13　えびで鯛を釣る
14　過ぎたるは猶及ばざるが如し
15　船頭多くして船山に登る
16　喉元過ぎれば熱さ忘れる
17　山椒は小粒でもぴりりと辛い
18　武士は食わねど高楊枝
19　三人寄れば文殊の知恵
20　ローマは一日にしてならず
21　下手な鉄砲も数うてば当たる
22　目に入れても痛くない
23　風が吹けば桶屋が儲かる
24　求めよさらば与えられん

実習　歌詞さがし

では、もう1題、実習です。

左の表には、ある歌の歌詞が入っています。どこから始まるかが分かれば、読むことができます。斜めに読んだり同じところを2度読んだりせずに、必ず隣の文字へ1字ずつ読み進んでください。さて、何という歌でしょうか。

ら	か	な	く	の	か
す	な	ぜ	は	す	ら
あ	る	か	や	か	わ
が	よ	ら	ま	に	い
こ	の	つ	な	な	い

講師からのメッセージ3

嶋津けい子

日本速読協会認定2級（30000字／1分間）（大阪支部）

速読のトレーニングは、とてもシンプルなトレーニングです。誰にでもできます。速く読めるようになることが目的ですが、速読の技術だけが上がるのではなく、潜在意識のステージも上がります。言いかえれば速読には、もれなく『素敵なプレゼント』がついてくると言えます。いえ、過言ではありません。20年間、速読のインストラクターとして、老若男女、様々な方の人生模様をみせていただき、確信を深めています。

また、みなさんは本を読んでいる時、目は字面を追っていても、頭の中は違うことを考えているという経験はありませんか。この状態を打破するには、不要なことを考える隙間を自分に与えない、すなわち文字を捉えるスピードを高速にし、速読をすればよいのです。「覚えておこう」などと考えず、文字にとらわれることなく、今、見える文だけに集中し、その上でリラックスするという「集中とリラックスが重なる状態」をキープしながら、書かれてある文章をイメージ化すると、内容が理解できてきます。何事も一朝一夕では身につきません。繰り返し訓練していきますと、気がつけば未来を案じる思考回路や、今までの心癖が改善され、身も心も軽くなっています。

また、速読のトレーニングのなかには「想起」というものもあります。物を取りに隣の部屋へ行き「あれ　何を取りに来たのだっけ?」そのような経験はありませんか。年のせいだけではありません。学生時代とは違い、記憶の思い出しトレーニングをする機会が少ないだけです。速読のトレーニングにおいて本読み、後、内容を書き出す訓練をしたり、生徒さんがよく行くスーパーやコンビニの店内をイメージして商品の陳列棚を細部まで描いたり、または、3分以内に木へんの漢字を思いつく限り書きだすなど、短い時間に頭の中をフル回転する訓練をします。頭のどこかにしまってある記憶を呼び起こそうとするものであり、これが「想起」することです。

視野のトレーニングも大切です。

一般的に、男性は森全体を見渡せるが、1本1本の木は見えにくい。女性は1本1本の木は見えるが、森全体を見渡せない。といわれています。速読では「森を見ながら、1本の木も見逃さない眼」を養います。私は歩く道すがら、遠くの山を見ながら両サイドの並木や看板、下は自分の靴、上は空まで視界に入れます。世界がパノラマのごとく立体視でき、周辺の鳥の羽ばたきまで見えてきます。すると物事を、狭い視野で考えていた性格がいつの間にか，客観的に観られるようになり、器が少し大きくなった気がします。

第7日

イメージ処理の能力を鍛えよう

所要時間 60分

いよいよカリキュラムの最終日です。いつものように「集中力トレーニング」から始めて、「丹田呼吸法」2分、「一点集中法」1分、「集中力移動法」2分を各2~3回行ないましょう。

「目の強化トレーニング」も「記号式トレーニング」と「文字・数字式トレーニング」を、それぞれ1分×2~3回行なってください。

トレーニング結果を記入するチェック表は、191~192ページにあります。

応用トレーニング③ イメージ力と想起力を鍛える

理論編で説明したように、速読法とはイメージ処理です。個人差が現われやすいところですが、筋肉のトレーニングと同じように、うまく訓練すれば一定の成果が上がります。7日間の仕上げに、速読の脳をトレーニングしましょう。

●イラストからキーワードを創造

187ページの3枚のイラストをご覧ください。このイラストを見て、イメージを大きく広げてみましょう。なんらかの情景やストーリーを思い描くことができますね。

そこからキーワードを1つ自由に決めて、イラストの下に書き出してください。

このキーワードから、連想ゲーム的に単語の書き出しトレーニングを行ないます。

書き出す単語は、できればカテゴリーやジャンルごとに分けてください。

これはイメージ力と想起力の訓練を組み合わせたトレーニングです。10分程度で徹底的に書き出してください。

たとえば――

〈キーワード〉

球技大会（キーワードはみなさんの自由です）

〈単語の書き出し〉

・バスケット、バレーボール、テニス、卓球、野球、サッカー
・ネット、ボール、ラケット、バット
・コート、室内球技場、体育館、スポーツセンター、球場
・点数、リーグ、勝ち負け、優勝、競技委員
・チアガール、メガホン、太鼓、応援団、アナウンス

参考例ではキーワードを「球技大会」と漠然としたものにしていますが、なるべくなら、みなさんにとってより具体的なキーワードにしましょう。たとえば○○大学球技大会、○△社内対抗スポーツ大会といったものがベターです。

具体的なキーワードであれば、イメージを想い描きやすく、そこから情報＝単語を引き出しやすくなるからです。

イラストからキーワードを創造

キーワード

単語

●キーワードから単語書き出し

たとえば「港」「道」「旅」でトレーニングします。

ご自分が知っている港、よく通っている道、旅をした場所や情景などなど……それぞれ具体的に設定し、具体的にイメージして、想い起こせるかぎりの単語を書き出します。

ポイントは、知っている「港」で、しかもその場所に自分がいて360度グルーッと「港」を見渡すように頭の中にイメージを描きます。そのイメージに描かれたものすべてを単語として想い起こすわけです。

目がかつて見たことのあるものはレンズを通して頭脳が見ていたのですから、この方法で情報＝記憶を引き出すことができるのです。

190ページで実習しましょう。

設定した各例につき10分程度かけて徹底的にしぼり出してください。参考例として――

港↓「横浜港」　赤レンガ倉庫、ベイブリッジ、ランドマークタワー、大桟橋、山下公園、ベンチ、鳩、アイスクリーム屋さん、氷川丸……
道↓「銀座通り」　など具体的に

設定を外国・学校・映画・温泉・涙などに変えながら、たくさん練習するほど効果が上がります。本読みトレーニングの後の単語書き出しで、その成果がわかるはずです。

キーワードから単語書き出し

1 港

2 道

3 旅

基本トレーニングのチェック表

●集中力トレーニング

丹田呼吸法〈2分〉	●背筋を伸ばした正しい姿勢をしていますか	1回目　優・良・可
	●呼吸は6秒／12秒でスムーズにできましたか	2回目　優・良・可
	●集中して行なうことができましたか	3回目　優・良・可
一点集中法〈1分〉	●瞬きをせずに行なうことができましたか	1回目　優・良・可
	●焦点が定まっていますか	2回目　優・良・可
	●丹田呼吸はスムーズにできていますか	3回目　優・良・可
集中力移動法〈2分〉	●丹田呼吸はスムーズにできていますか	1回目　優・良・可
	●スムーズに視点移動ができましたか	2回目　優・良・可
	●2分間で往復運動ができましたか	3回目　優・良・可

●視野アップトレーニング

左右移動法／上下移動法／対角線移動法〈各1分〉	●目は自然に一定のリズムで動いていますか	1回目　優・良・可
	●黒点を正確に捉えていますか	2回目　優・良・可
	●点から点へ、線を追わないでスピーディに視点移動ができていますか	3回目　優・良・可
円移動法〈1分〉	●一定速度で円の軌道上を移動できていますか	1回目　優・良・可
	●目を閉じたときもスムーズに移動できていますか	2回目　優・良・可
	●目を閉じたときもスムーズに円軌道をイメージできますか	3回目　優・良・可

目の強化トレーニングのチェック表

〈記号式／文字・数字式〉トレーニングシートを１分間にめくったページ数を記入します。

●記号式トレーニング

	１分間のページ数	備　考
1回目		
2回目		
3回目		

●文字・数字式トレーニング

	１分間のページ数	備　考
1回目		
2回目		
3回目		

「イメージ力」トレーニングと「想起力」トレーニング

訓練第5日目に、本読みトレーニングの解説で記憶のメカニズムに触れました。ポイントを整理すると次の3点でしたね。

「符号化」＝キーワード――イメージを持ちやすく「より直感的に理解できる」
「貯蔵」＝イメージ――より上手な頭脳へのイメージの詰め合わせ方
「想起」＝書き出しトレーニング――頭脳ネットワークからのイメージの取り出し方

文章を読み終えた後、キーワードをつかむことにより、私たちはイメージを持ちやすくなります。そのイメージによって、直感的に理解ができるようになり、よりわかりやすくなるのです。「速くてよい理解」が可能になります。

本読みトレーニングのときに、読後には単語の書き出しがあるからといって「必死で名称やカタカナ語を記憶しておこう」「暗記してしまおう」とするのは逆効果です。すでにやってみて納得ずみの方も多いことでしょう。

1つの文章を理解しようとするとき、まず文章が全体として何を言おうとしているのかをつかまなければなりません。たいていの場合、それはタイトルであったり、見出しというかたちで、すでにあることが多いのです。

そして文章内容を説明するのに最も適切と考えられるキーワードをつかむのです。後で説明しますが、キーワードは、内容を想い起こすときの手がかりになります。「より多く憶えておこう」というよりも「よりわかろう」とするほうがよいのです。

では読んだだけで「より多く憶える」のは、どうやってもムリなのでしょうか？　次のアルファベットを見て、この羅列にどのようなルールがあるのか考えてください。

A—N—A—J—A—L—N—T—T—K—D—D—F—B—I—C—I—A—J—I—S—N—H—K—B—
B—C—C—N—N—N—G—O—U—S—A—M—L—B—N—Y—Y—J—P—N—S—F—X

このアルファベットの羅列が何であるのか気づかないかぎり、これらを一度に憶えたり、あるいはこの先をさらに続けて作りなさいといわれても、ほぼ不可能でしょう。

種明かしすると、これは、ほとんどの人がよく知っている略号です。アルファベット3文字で表わされる、名称・用語の略号の1文字目をずらし、かつハイフンを入れてあります。

「A─NA」「J─AL」「N─TT」……と続いているのがおわかりでしょう。このことに気づいた瞬間に、キーワードに付随するイメージであるそれぞれのロゴマークや、青空に飛び立つ飛行機や、携帯電話などが脳裏に浮かび、もうこれらはただのアルファベットの羅列ではなくなります。

そしてここからがポイントです。

それぞれのイメージを説明しようとすると、このイメージについて貯蔵されている情報のふたが開いて、さらに細かいイメージをたくさん持っていることに気がつきます。

たとえば「ANA」なら、この航空会社から関連づけられる細かなイメージがたくさん湧いてきます。テレビのCMだったり、空港のカウンターだったり、客室乗務員の制服姿だったり……。さらには旅行先や出張先での出来事など、最初の1つのイメージを手掛かりとして、記憶の貯蔵庫のなかから次々に情報を想い起こすことができます。記憶の連想ゲームが起きるわけです。

こうした方法でならアルファベットの羅列も無理なく記憶できるのです。

講習会などでよくあることなのですが、本読みトレーニングを終えた後、「一瞬、何も頭に残っていない感じがする」という受講者がいらっしゃいます。

しかし、読み終えたページを再度開いて確認すると「ああ、これ書いてあったよねー」と思い出せます。

脳に何の情報も送られていなかったからではなくて「キーワード」＋「イメージ」をつかめていないから何も残っていないと感じ、「イメージ」という手がかりがないために、貯蔵庫のふたを開いて想起することができないのです。

そこで重要になるのが、よりよい上手な「イメージの詰め合わせ方」です。

それが「イメージトレーニング」の方法です。

また「詰め合わせたイメージの取り出し方」は「想起トレーニング」になります。単語の書き出しトレーニングは「キーワードをつかむ」、「イメージを作る」、「手がかりから想起する」の観点から、数多く繰り返して訓練していただきたいのです。

日常からするイメージトレーニングの具体例

イメージトレーニングは、「できるかぎり具体的に」「毎日、数多く繰り返して」「知識や経験のネットワークに結びつけて」組み込むのが、効果を上げるポイントです。

実際に日常でどんなことを心がけるべきなのかを以下に列記します。ポイントは「日常的」というところにありますから、ツールなどは使わず、毎日できる方法です。

●睡眠前、脳波をα波にしながら

夜、眠りにつくときに真っ直ぐなよい姿勢で横になります。丹田呼吸をしながら、その日の印象的な出来事（イヤなことはやめたほうがいいですが）を、ありありと思い浮かべ、こと細かにイメージして、朝はすっきりと目覚めます。

●車内の中吊り広告で

いちばん日常的にイメージトレーニングできる方法です。会社や学校に行く途中の、電車などの広告を見ながら行ないます。訓練方法は、10～20秒間、広告をイメージとして脳のスクリーンに焼き付けます。その後、目を閉じて目蓋《まぶた》にそのイメージを投影します。後頭部のスクリーンに焼き付け、前方の目蓋に投影する感覚です。最初はホテルや旅行など、写真中心の視覚的なものからチャレンジして、慣れたら文字の多い雑誌広告に進みましょう。

●地図・配置図を描いてみよう

よく行くスーパーや書店などの売り場配置図を描いてみましょう。たとえば野菜売り場にはニンジンなどのアイコン（絵文字）を描いてみましょう。アイコンのふたを開けると、下にはさまざまな野菜がある様子をこと細かくイメージし、関連づけながら描きます。応用編として会社内や学校内の配置図、自宅や勤務地周辺や商店街の地図などにも挑戦してみましょう。

●本読みトレーニングのときに

読んだ文章から、タイトル的なもの、キーワード的なもの、アイコンとして描ける要素などを見つけるようにします。それが理解のキーポイントになります。

かなり高度な内容まで説明しましたが、7日目を終えて、さらにスピードアップしていこうとするときに、欠かせないポイントです。

飛躍的な言い方ですが、この訓練は人生を変えるといって過言ではありません。

●太陽は何色か

一九七八年の夏、私は富士山に登った。東京大学宇宙線研究所を中心に、宇宙線を研究しているグループが、富士山頂で行っている、高エネルギー宇宙線実験の一隊に参加したからである。宇宙線とは、宇宙の遠い彼方から、時に地球にも迷いこんで来る非常にエネルギーの高い原子核の流れである。大部分は陽子だが、これらの粒子のほとんどすべては「天の河」とよばれるわが銀河系で誕生するものと考えられる。最近、大いに喧伝されている超新星、パルサー、あるいは、中性子星などが、これら宇宙線の起源に、大きな役割を果たしていると推論されている。

さて、富士登山も五合目をすぎた頃から、晴れわたった空の色が変わって来たのに気づいた。たしかに、どこかでこんな色をした空を見た記憶があるがと、考えているうちに、そうだ、これはアメリカでしょっちゅう見ていた色調だ、ということに想い到った。八年間にわたって滞在したアメリカ東部の風土と人々とが、なつかしく想いだされて来た。湿度と日本

▲418

の風土との関係については、今までにもしばしば考えてみたが、日本の風土にも、アメリカ
のそれに似たところがあるのだという「発見」は、私には快いことであった。
高山病に悩まされたりして、実験に参加した隊員としては、だらしなかったが、このたび ▲534
の富士登山は、私にとってはたいへん貴重な体験であった。というのは、日本人の色彩感覚
や思考のパターンについて、いろいろ考えをめぐらす機会を得たからである。
私たちが太陽の色について話す時、「真赤な太陽」という表現が、すでに習慣化している ▲650
ように見受けられる。
太陽は、本当に赤い色をしているのだろうか？　研究の上で、眼に映る太陽の色彩につい
て、常に関心を持ち続けて来た私には、太陽がどんな色に見えるかは、非常に興味あること ▲741
であった。読者もたぶんよく知っているだろうが、太陽から来る光をプリズムを通して分解
すると、波長の長い方から順に、赤から紫に到る光の色の帯ができる。この理由は、プリズ
ム中での光の屈折率が波長によって異なり、赤から紫へと波長が短くなるにつれて、屈折率 ▲864
が大きくなって行くことによるのである。
この光の帯の中に、私たちは、これまたよく知られているように、七色の光を見る。それ
らに、赤、橙、黄、緑、青、藍、紫と名づけている。さて、太陽からくる光は、「白色光」 ▲964

とよばれるように、これら七色の混合されたものであるから、私たちには白っぽく見えるはずである。実際には、中天にかかる太陽は直視するにはまぶしすぎるから、ほんの一瞬だ
け、のぞき見しなければならない。このようにして見える太陽は、黄白色に輝いているはず ▲1086
である。

もちろん、朝や夕方に、地平線近くに見える太陽は、かなり赤味を帯びている。もし私た
ちが、この夕方の太陽、つまり、夕日をさして「真赤な太陽」というならば、この表現はそ ▲1171
うはずれたものではないといってよかろう。

ところで、私たちと同じように、アメリカや他の国々でも、沈む前の光の弱まった夕日だ
け見て、「真赤な太陽」とか「赤く燃える太陽」などといっているなら、話は簡単である。 ▲1272
ところが、アメリカで、人々が太陽の色について語る時は、常に「黄色」（ｙｅｌｌｏｗ）
であることを知れば、どうやら太陽を、私たちとはちがった色に見ているらしいと気づくは
ずである。太陽を黄色と見るのは、実は何もアメリカ人だけでなく、フランス人も、ドイツ ▲1395
人も、またソ連の人たちも同様であって、私たちだけが、赤く見ているのである。

太陽の色といえば万国共通と、長い間私も考えていたが、実際、アメリカに住んで、その
地の人々との話題の中から、太陽の色が、私が何の理由もなしに、ただ漠然と考えていた赤 ▲1513

い色とちがうということを知った時には、いささかおどろかずにはいられなかった。
ただ、今もってふしぎに思えてならないことは、私の子供がアメリカにいた時描いた絵に
しばしばでて来た太陽は、黄色で塗ってあったのに、日本にいる今では、赤色で太陽を塗り ▲1632
つぶすという事実である。日本ではそう教えられるから赤く色をつけるのかと思って、時に
「お日様の色は」とたずねると、子供の返事はいつも決まって「黄色いよ」とかえってくる。
「夕日は」と重ねると、「オレンジ」という。決して赤い太陽とはいわないのに、絵にすると ▲1757
赤く塗り、光芒まで赤い線で示されることになる。
なぜ、子供の絵に描かれた太陽の色が、帰国を境にして、自分で見た色感は変わらないの
に、変わってしまったのか、私には全然わからない。ただひとつここでいえそうなことは、 ▲1861
日本では到る所で、いろいろな機会に太陽が赤いというふうに聞かされているために、無意
識のうちに、真赤な太陽が心に映る言葉として、ひとつの映像をつくり上げてしまっている
のだ、ということである。 ▲1955
私にしたところで、太陽研究にたずさわることがなかったら、たぶん今でも、「真赤な」
太陽とか「赤い」お日様などといっていたにちがいないのである。
それにしても、私が非常におどろいたことは、同じ一つの太陽を見るのさえ、こんなにも ▲2065

はっきりした相違があるということである。明白な自然現象を見る眼さえ、大きくちがっているのであるから、私たちのものの見方、考え方、あるいは、人に接する態度などにおいて、さらに大きな相違があるだろうことは、十分考えられることである。

▲
2179

1行41字×約55行（『「考え方」の風土』桜井邦朋より）

スピードチェック記入シート

年　　月　　日

速読スピード	文字／分
内容の理解度	（優・良・可・不良）
読書中の集中度	（優・良・可・不良）

覚えている単語・熟語・名称などを書き出しましょう

単語などの数　　語

「新書1冊を15分で読む」――6000文字／1分間を達成するためには

本書ではスーパー速読1週間として、みなさんに達成していただく速読スピードの第一目標を、標準スピードの約3倍＝1500文字／1分間としています。これは新書1冊（本文200ページ前後）読むのに、これまで3時間かかっていた人が、1時間で読めるようになるスピードです。この段階までは、本書のここまでのトレーニングを適切に行なっていただくことで、十分に達成可能です。

本書のテーマである「新書1冊15分」を達成するためには、さらにトレーニングを継続して、次の段階である5倍＝2000〜3000文字／1分間、その後の10倍＝5000〜6000文字／1分間へとパワーアップする必要があります。

そのための方法について解説しましょう。

本読みトレーニングの前提条件

▼「速読・本読みトレーニング」は、かならず「記号式トレーニング」と「文字・数字式トレーニング」とセットで行なうことです。
組み合わせて連続してトレーニングすることで、効果的な訓練が可能になります。「記号式トレーニング」と「文字・数字式トレーニング」の組み合わせと、実際の「速読・本読みトレーニング」とを、どれだけ数多く行なうかが、速読法マスターへの鍵です。

▼次に、訓練のために適当な新書を数冊用意してください。一般的な書籍であれば何でも結構ですが、1章1節のまとまりが良く、また各章・節に見出しがある新書が最適です。各節のページ数が少なく、文字数も多くはないので、区切りながら時間を計って読むのに好都合です。
逆に、小説などの章が長いものは訓練当初のトレーニングにあまり向いていません。

▼文字の大きさについては、はじめの段階では若干大きめの方が良いといえます。

▼1節を読みきる「速読・本読みトレーニング」がポイントです。目標とする読書速度で2～3分間以内に読みきることのできる、まとまりの良い文章から訓練を始めます。文章の内容を「理解できている」ことが大切です。

▼1ページあたりの概算文字数は、1行の文字数×1ページの行数×0・75程度で計算します。たとえば、本書の1行38文字、1ページ14行の場合は、400文字強／1ページ。1つの節が3・5ページ分という文章は、約1500文字ほどということになります。

▼あらかじめ継続用チェック&記録表に概算文字数を書き出します。読み終えたら必ず読書速度を計算して記録し、単語書き出しなどを行ないます。書き出す単語・熟語は、30単語が目標です。書き出すための時間は、速読するために要した時間の1・5倍から2倍くらいまでが目安です。

▼本読みトレーニングだけではなく、基本トレーニングも継続が必要です。基本トレーニングとは、「集中力トレーニング」と「視野アップトレーニング」をさします。特に「視野アップトレーニング」で左右移動法や上下移動法で視点移動のスピード

が十分なレベルに達したからといって、もうそれでトレーニングをしなくてよいことにはなりません。

毎日トレーニングした場合には2、3週間、そうではない場合でも1カ月程度で、限界的能力の8割くらいまでには到達しますが、その後も十分な速度を維持するためには、継続してトレーニングを行なう必要があります。

▼十分な速度の目安は、集中力左右移動法では1分間に20回以上繰り返し行なうことができるレベルです。

▼その後は、週に1、2回程度、「集中力トレーニング」と「視野アップトレーニング」を行なうといいでしょう。

ページ設定優先——3回連続本読み作戦で新書1冊を15分！

はじめに、速読する文章のページ数＝文字数を「確認」し、速読時間の目標を「設定」します。1セットの訓練では同じ文章を使用し、3回程度まで連続して本読みをし、速読スピードの目標を達成できるまでトレーニングを行ないます。

▼継続当初は、1500〜1800文字／1分間程度の目標を設定して、経過タイムを必ず計り、記録しながら行ないます。

▼通常の新書は、1行の文字数が40前後です。できるかぎり1行を3分割した文章ブロックの中心に視点を合わせ、視野は広く（文字数を多く）捉えてください。上・中・下のブロックに次々と視点を移動させます。

この時、各行の文字数は一定ではありませんから、正確に3分割にするというよりも、1行を3回で把握するという感覚のほうがスムーズにいきます。

活字を「読む」のではなく、文字のブロック全体として「視る」感覚で視点を移動することです。

▼最終的には1行を2分割のブロックで見るまで視野を広げます。

この際も、上半分、下半分の上下のブロックで、重なる部分をより広く、つまり視点移動の距離が小さく、無駄なくスムーズに移動できるようにします。

▼文章の詳細や単語などを憶えようとするのではなく、文章全体の意味するところを

つかむようにすることです。したがって文章の「見出し」はとても重要です。

▼1回で完全に理解しようとするのではなく、3回目までに読書速度の目標を達成し、また理解度もそれまでに満足できるレベルを目指します。

その他の留意点を以下に列記します。

▼訓練に使用する新書1ページあたりの概算文字数をおおまかに計算し、1節とか1見出し単位で読みきる文章の範囲を決め、文字数を確認します。文字数は、そのままその文章を速読する経過時間＝速読タイムの目標になります。

▼1回の本読みごとに経過時間を記録表に記入し、単語書き出しも各回の速読後に必ず行ないます。2、3回目は1回目に書き出した単語に書き足してかまいませんから、3回合計で少なくとも20〜30単語以上は書き出せるようにします。

▼見出しはキーワードです。見出しを説明するためによいと思われる単語を徹底的に書き出します。単語は関連付けした地図形式で書き出しをすると、理解力もより向上します。

▼1回目の本読みでは目標をクリアできなくても、2回目、3回目までには必ず達成するようにしましょう。速読スピードの目標が2回目までで達成できて、単語も十分に書き出せるようになった段階で、目標をワンランク上げて訓練をつづけます。

▼6000字／1分間くらいまで、500文字程度きざみにペースを上げることが可能です。

▼目標設定の最重要ポイントは、「いまの自分にとって少しだけ困難な目標」を掲げることです。最終的な目標を考えると、どうしてもより高い目標を設定しがちですが、過大な目標を掲げてしまうと、かえって達成までに時間がかかります。あるいは達成できずに、トレーニングを投げ出してしまうかもしれません。これでは本末転倒です。少しずつクリアし、眼前の目標を達成しつづけることが大切です。

朝の新聞コラム作戦――朝刊コラムは15秒！

速読力と記憶力、想起力をパワーアップするために、新聞での速読トレーニングもおすすめです。

使用するのは新聞のコラム、朝刊の第1面には、朝日新聞なら「天声人語」、読売新聞なら「編集手帳」、日経新聞なら「春秋」が載っています。もちろんお読みの新聞いずれのコラムでもかまいません。

トレーニングする上での留意点と速読方法を説明します。

まず、新聞の紙面・コラムによって1段＝1行の文字数が異なる場合があります。「春秋」は1行14文字、「編集手帳」は1行11文字、「天声人語」は、1行18文字。

1行11、14文字のコラムは、1行＝1ブロックと考えます。視点移動は、新書判の書籍で1行を3ブロックに分けて速読する時の、1ブロックが横並びになったものと考えるとわかりやすいでしょう。

1行18文字の場合は、雑誌などにも応用できる1行＝2ブロックの速読になります。1行2ブロックの速読は、できる限り大きく重なる2ブロックの視点移動を心がけます。

いずれのコラムでも文字数は、800前後です。

▼速度目標は、30秒以内。その後、コラム作戦を継続して15秒を目指します。タイマーなどを使用して経過タイムを計ります。最近は携帯電話にもストップウォッチ機能がついているものが多いですから、2、3度、時間を計測してペースを身につけてください。

朝のコーヒーを飲みながら朝刊を読むのが習慣という方は、ほかの記事は今までどおりに読んでいただいてかまいません。該当のコラムだけ読まずにとっておいて、お出かけになる直前、30秒以内の作戦を実行します。

▼キーワードを1個から3個、決定します。

朝刊コラムにはコラム名はありますが、その日の見出し・タイトルはありませんから、速読してその見出しにあたるキーワードを自分で決定してください。1個でも数個でもかまいませんが、数の多さを意識する必要はありません。

キーワードができたなら、そのままお出かけください。

キーワードを意識しつづける必要はありません。つまり忘れてしまってかまいません。

▼キーワードから単語書き出し。目標は30単語

お昼の食事の前でも後でも結構ですから、朝決定したキーワードを思い出しましょう。2、3分間でキーワードに対しての単語の書き出しを行ないます。この時、コラムの内容を想い起こせるとより良いのですが、日によっては馴染みのないテーマについてのコラム内容だったりすることもありますから、決定していたキーワードからの想起トレーニングを行ないます。

単語の書き出しは、20~30単語以上書き出せる自信が必ずついてきますから、その後は単語を関連付けして地図形式で書き出すと、より内容の濃いものになります。ノートを用意して毎日関連付け地図形式で記録していくと、価値あるデータブックになるでしょう。

通勤・通学で、毎朝駅を通る方は、フリーペーパーを使って電車の中での速読トレーニングも可能でしょう。このコラム作戦で、速読力と記憶力、想起力は必ず、大きく向上します。

毎朝、ごく短時間でできる速読トレーニングですから、ぜひ実行してください。

速読スピードとトレーニング時間の関係について

速読能力の高い目標を目指して訓練を継続した場合には、どれくらいのスピードを達成することができるのでしょうか。

左ページのグラフは、日本速読協会「スーパー速読」1級合格者のトレーニング結果に基づき、スピードと時間について作成したものです。

日本速読協会では毎年、「速読検定試験」を実施してきました（従来は秋の読書週間などに実施）。検定級は以下のとおりで文字数は1分間に読みこなすものです。

1級・10万文字　2級・3万文字

準2級・1万文字　3級・6000文字

4級・3000文字　5級・2000文字

時間内に規定文字数の文章数点を読みこなし、かつ読後に文章内容の理解と記憶についての筆記問題に3分の2以上の正解答をできると合格です。

本書でトレーニングしていただいた方は、5級検定試験にチャレンジが可能です。

【速読スピード】と【トレーニング時間】

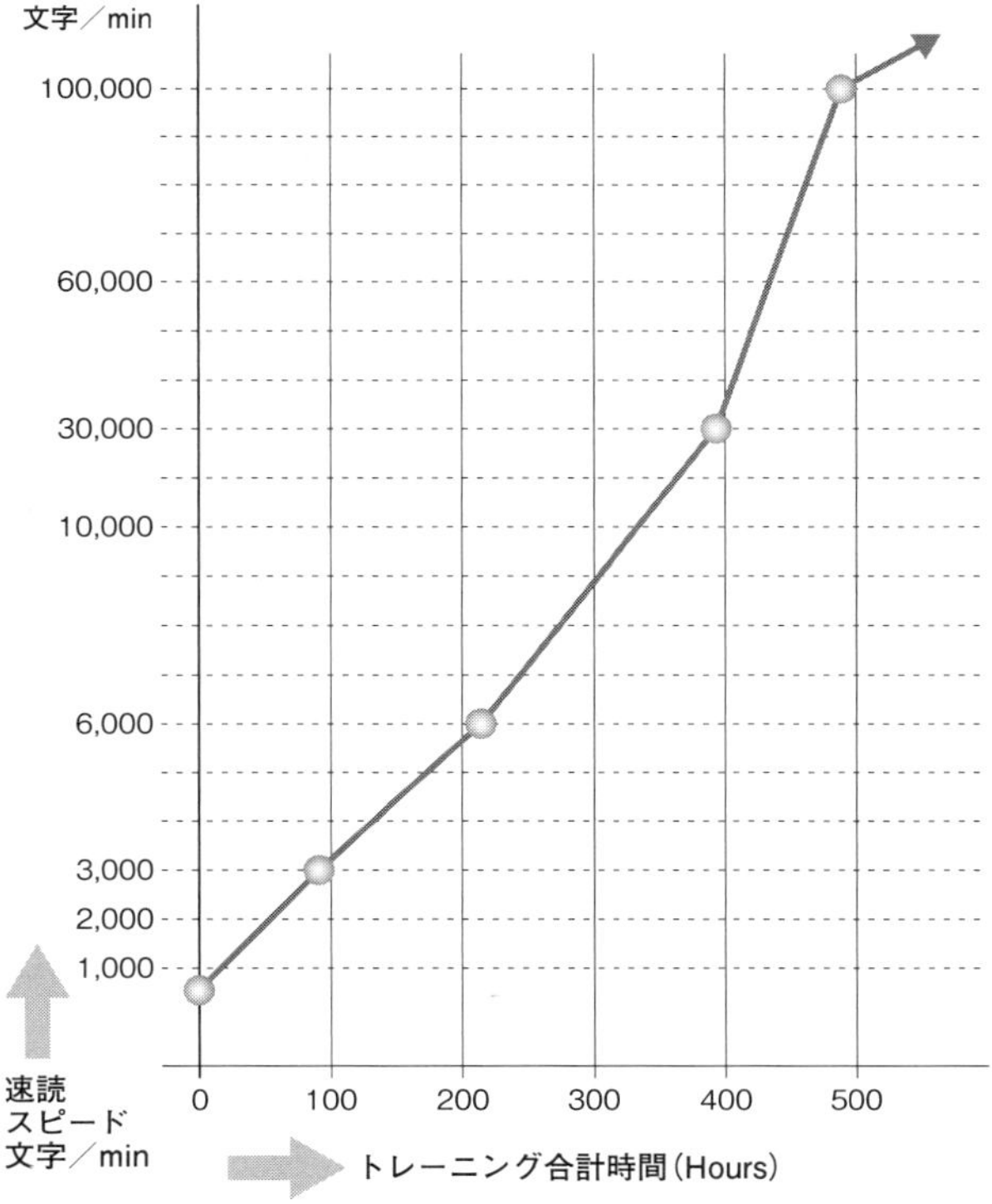

検定試験の合格級	トレ開始時	4 級	3 級	2 級	1 級
速読スピード(文字/min)	800	3,000	6,000	30,000	100,000
トレーニング時間	0	96	219	395	488
トレ開始からの経過日数	0	97	251	468	853

日本速読協会検定試験1級取得者からのトレーニング報告に基づく

●あとがき

「スーパー速読1週間」の成果はいかがでしたでしょうか。

本書では日本速読協会の持つ訓練カリキュラム・テキストの入門にあたる1週間トレーニングから始めて、高度な「新書1冊15分」までを解説しました。思っていた以上にできた方、そうでもなかったという方、どちらの方もいらっしゃるでしょう。

速読をさらに続けたいと思っていただけた方、あるいは本書では不満足であったという方にも、みなさんに速読を完全にマスターしていただくためのノウハウはたくさん用意しています。

興味をお持ちの方は、日本速読協会までお問合わせいただければ幸いです。

日本速読協会　井田　彰

[181ページの実習の解答]
「七つの子」

速読・本読みトレーニングの文章の使用を快く許可していただいた著者の皆様に深く感謝いたします。

井沢元彦　『言霊』祥伝社黄金文庫
桜井邦朋　『「考え方」の風土』講談社現代新書
和田秀樹　『頭をよくするちょっとした「習慣術」』
　　　　　祥伝社黄金文庫

【お問合わせ先】
スーパー速読の訓練テキスト、講座・講習会についての最新情報は、下記までお願いいたします。

日本速読協会

- ホームページ　http://www.super-sokudoku.com
- Eメール　info@super-sokudoku.com
- フリーダイヤル　0120-46-1100

本書は、読者個人が速読を独習する目的でのみお使いください。日本速読協会の許可なく本書を使用して、あるいは本書の内容を使用して、講座・講習会・教室などを行なうことはできません。

切りとり線

★読者のみなさまにお願い

この本をお読みになって、どんな感想をお持ちでしょうか。祥伝社のホームページから書評をお送りいただけたら、ありがたく存じます。今後の企画の参考にさせていただきます。また、次ページの原稿用紙を切り取り、左記まで郵送していただいても結構です。

お寄せいただいた書評は、ご了解のうえ新聞・雑誌などを通じて紹介させていただくこともあります。採用の場合は、特製図書カードを差しあげます。

なお、ご記入いただいたお名前、ご住所、ご連絡先等は、書評紹介の事前了解、謝礼のお届け以外の目的で利用することはありません。また、それらの情報を6カ月を超えて保管することもありません。

〒101―8701（お手紙は郵便番号だけで届きます）
祥伝社新書編集部
電話03（3265）2310
祥伝社ホームページ　http://www.shodensha.co.jp/bookreview/

★本書の購買動機（新聞名か雑誌名、あるいは○をつけてください）

＿＿＿＿新聞の広告を見て	＿＿＿＿誌の広告を見て	＿＿＿＿新聞の書評を見て	＿＿＿＿誌の書評を見て	書店で見かけて	知人のすすめで

★100字書評……新書1冊を15分で読む技術

名前

住所

年齢

職業

日本速読協会

1984年発足以来、新聞・テレビ・雑誌等のメディアに数多くの話題を提供し、速読ブームの火つけ役となるとともに、日本における速読訓練システムの基本を確立した。

井田 彰　いだ・あきら

1949年生まれ。北海学園大学法学部卒。日本速読協会発足当初からのスタッフ。トレーニングカリキュラム作成のスペシャリストであり、協会主催の講座、講習会では主任講師を担当。

新書《しんしょ》1冊《いっさつ》を15分《ふん》で読《よ》む技術《ぎじゅつ》

スーパー速読1週間

日本速読協会《にほんそくどくきょうかい》 井田彰《いだあきら》

2009年12月10日　初版第1刷発行

発行者……………竹内和芳

発行所……………祥伝社《しょうでんしゃ》

〒101-8701　東京都千代田区神田神保町3-6-5

電話　03(3265)2081(販売部)

電話　03(3265)2310(編集部)

電話　03(3265)3622(業務部)

ホームページ　http://www.shodensha.co.jp/

装丁者……………盛川和洋

印刷所……………萩原印刷

製本所……………ナショナル製本

造本には十分注意しておりますが、万一、落丁、乱丁などの不良品がありましたら、「業務部」あてにお送りください。送料小社負担にてお取り替えいたします。

Printed in Japan　ISBN978-4-396-11186-1　C0230